日野秀逸［著］
Shuitsu Hino

「私らしく生きる自由」と憲法・社会保障

新日本出版社

目次

はじめに――「私らしく生きる」ために憲法と社会保障を知る

本書は、「私らしく生きる」という視点から、憲法と社会保障を学ぶことを目的にしています。社会保障運動は、憲法を理解せずにはできません。また、社会保障運動は、憲法を守る運動、憲法を具体化する運動と不可分です。本書では、憲法と社会保障を統一的に学ぶことをテーマにしました。憲法と社会保障は、結局のところ、人びとが、できるだけ「私らしく生きる」ことを可能にする、社会的約束であり、仕組みではないだろうか、というのが筆者の問題意識です。

本書は、政府・財界の社会保障政策の大枠が、「私らしく生きる」ことを妨げるものであることについても明らかにしています。政府・財界の社会保障に関する理解が、社会保障の国際的到達点から大きく隔たった異質なものであること、具体的には、日米同盟に基づく「経済的・軍事的大国」を目指す政策に従属させられていること、そして日本国憲法に違反していること、さらには社会保障を営利的企業活動の場としていること、などを歴史的検討と現状の検証を通じて明らかにすることです。

この目的のために、簡単にでも、社会保障とは何であるかを最初に押さえておきます。政府・財界の異質な社会保障政策と対比するための準備作業です。さらに、こうした政府・財界の社会保障路線に対抗し、憲法が示す生存権保障としての社会保障を再生させるための運動についても言及します。国民的共同が可能な客観的理由、当事者を先頭にした社会運動が不可欠なことや、憲法を守り具体化させる勢力の共同が四半世紀をかけて現実のものになっていること、などなどを確認します。

第1章　私らしく生きることと憲法・社会保障

1　幸福を追求する権利について

戦争法反対の運動から聞こえてきた「私らしく生きたい」という願い

私たちは、平和を求め、健康で文化的な生活を求め、幸福を願って日々を送っています。平たくいえば、「私らしく生きる」ことを願っているのではないでしょうか。

二〇一五年、政府与党である自民党と公明党が提出した「戦争法案」（安全保障関連法案）に反対し、廃案を求める運動が、これまでの日本の歴史になかった規模で、日本中に広がりました。同法が与党によって強行成立させられた後も、若い世代から高齢者まで、北海道から沖縄まで（さらには海外まで）、子育て世代の女性から年金生活者まで、労働者から学者まで、文字通りの全世代、全国、全階層が、戦争をさせない、平和を守る、憲法を守るという声をあげて行動しています。

こうした運動の中で、「戦争になれば私らしく生きる自由が握りつぶされます。安倍総理の野望を止めましょう」（二〇一五年九月五日、京都の龍谷大学深草キャンパスにおける「学者・学生・弁護士の緊急共同行動」での、同大学社会学部四年の相方未来さんが行った訴え。しんぶん赤旗同年九月六日付）という声があがっています。日本国憲法は平和のうちに生きる権利を宣言していますが、平和でこそ「私らしく」生きられることをこの相方さんは指摘しているのです。

もう一つの例を挙げましょう。多くの学生が利用できる給付型（借金にならない）奨学金の実現を目指す大学生たちの組織 Rights to Study が、二〇一六年一一月一八日に国会正門前で緊急集会を開きました。卒業して奨学金を返済中の労働者が、「親の看病をしたくても、休学すると奨学金がもらえなくなる、我慢するしかなかった、学費が払えないから夢を叶えられない人間をつくらないで」と訴えました（『全労連』二〇一六年一二月号）。この方は、自身の苦渋の選択の体験から、背景に、そもそも高学費で学業を諦めなければならない人がいることを身に染みて感じており、だからこそ「夢を叶えられない人間をつくらないで」と訴えたのだと思います。夢を叶えるとは、自分らしく生きることにほかなりません。それを高学費が阻んでいるのが現状ですが、しかし教育を受ける権利も憲法が保障することがらですし、社会保障の重要な内容です。

本書は、日本国憲法が「私らしく生きる」ことを保障している、もっとも基本の規範（約束ごと）だということをテーマにしています。そして、憲法が約束している、国民が幸せに生きるための大きな条件が、社会保障なのです。

「私らしく生きる権利」は憲法の核心

憲法とは何か、社会保障とは何か、という議論の前に、憲法も社会保障も「誰もが私らしく生きる」ことを最重視していることに注目しましょう。最も根本的な日本社会の約束事である日本国憲法では、一三条で幸福追求権を保障しています。この権利は、人格権ともいわれます。

「第一三条〔個人の尊重と公共の福祉〕すべて国民は、個人として尊重される。生命、自由及び幸福追求に対する国民の権利については、公共の福祉に反しない限り、立法その他の国政の上で、最大の尊重を必要とする」

各社から出ている六法全書の憲法一三条には、「幸福追求権」という見出しが付いています。例えば、憲法会議が編集して「本の泉社」から出ている『日本国憲法』（新装版）では、「個人の尊重・幸福追求権・公共の福祉」という見出しがついています。

このように、幸福を追求する権利は、憲法において「最大の尊重を必要とする」ものなのです。幸福を追求することは、私らしく生きようとすることと同じです。憲法は、私らしく生きることに対して「最大の尊重を必要とする」といっているのです。

生命、生存、生活は幸福追求の前提

国民が幸福を追求する上で基本的前提条件となるのが、生きること・生活することを意味する生存です。生存は生命とも生活とも共通した意味をもちます。英語では生命はlife、生存はlive、生活はliving です。

憲法には、生命に関するところが四カ所出てきます。一つは前文です。「平和のうちに生存する権利（the right to live in the peace）」です。次は一三条です。「生命（life）、自由及び幸福追求の権利」です。そして二五条の「健康で文化的な最低限度の生活（the minimum standards of wholesome and cultured living）」です。もう一つが法定の手続きを保障した三一条です。「何人も、法律の定める手続によらなければ、その生命若しくは自由を奪はれ、又はその他の刑罰を科せられない」（No person shall be deprived of life or liverty）です。

これら四カ所の「live、life、living」はいずれも生命《いのち》を意味するlifeの変化形で、それぞれ動詞live（生きる、生活する）、名詞life（生命、生活）、動名詞living（生きること、生存すること、生活すること）です。憲法は生命の憲法なのです。

九条と二五条は幸福の条件

日本国憲法の核心をなすのが、幸福追求権ですが、その前提は、平和的に生きることです。また、単に動物としていのちを永らえればよいという「生存」ではなく、「健康で文化的な生活」を営むことです。前者は、具体的には第九条で規定され、後者は第二五条で規定されています。スローガン風に表せば、「九条（平和）と二五条（健康で文化的な生存）で一三条（幸福になる）を実現しよう」ということです。憲法で権利としての社会保障を定めたのが二五条であることはいうまでもありません。九条と二五条とを合わせて「平和的生存権」ととらえることができます。

まず、平和でなければ、「私らしい生活」はありえません。戦争は強制を極端なまでに制度化することにほかなりません。

二五条に代表される生存権は、「生存または生活のために必要な諸条件の確保を要求する権利」と定義されます。わかりやすくいえば「人間らしい生活を送る具体的な手だてを求める権利」です。二五条では「健康で文化的な最低限度の生活を営む権利」を定め（第一項）、さらに「国は、すべての生活部面について、社会福祉、社会保障及び公衆衛生の向上及び増進に努めなければならない」と規定しています（第二項）。

くりかえしますが、「人間らしい生活」とは、一人一人にとっての「人間らしい生活」です。例えば、性的少数者の場合などを含めて、社会には様々な考え方や生き方があります。その人にとって「人間らしい生活」でなければ、その人は幸福にはなれません。つまりは、「私らしく生きる」ことが保障されなければ、「人間らしい生活」とはいえないのです。

憲法は、国（中央政府と地方政府）に対して、国民が「人間らしい生活」を送ることができるようにする義務を与えているのです。

社会保障がしっかりすることは私らしい暮らしの必要条件

現在の実情に引きつけてみます。高齢化が問題になっています。高齢になって、いくつかの病気を抱えて医療が必要なのに、日本の年金水準は低くて、収入が少なく、生活に余裕がないために、病院や診療所を受診するのを手控える、ということが日常的に起きています。

また、雇用の劣化で、子どもたちは就きたい仕事があるのに、正規の労働者にはなれず、不本意ながら、派遣労働者やパート労働者を長い年月にわたって続けなければならないことも、身の回りにたくさんあります。収入が低いために、結婚もできない若者が増えているという問題もあります。

高齢者からみると息子や娘にかわいい孫が産まれても、転勤を命じられて、会いに行くのも大変だということも多く、また、孫へ小遣いをあげるにも、冠婚葬祭の付き合いにしても、乏しい年金、少ない貯金で、なかなかままならないという話もよく聞きます。

これらは、主には年金を中心とする所得保障が乏しいこと、また、雇用保障が悪化していることも大きく関係しています。当然ながら、医療制度や介護制度が、構造改革の名の下に、連続して改悪されていることも関わっています。

いくら私らしく生きたいと思っても、所得や雇用や医療や介護や保育などといった社会保障がしっかりしていなければ、それは不可能なのです。

憲法の要が一三条「幸福権」――原発からアイドルの恋愛まで

二〇一四年五月二一日に、「大飯原発三、四号機運転差止請求事件」で、福井地方裁判所は運転再開を差し止める判決を出しました。その法的根拠は、憲法一三条の人格権と二五条の生存権です。判決は以下のように述べています。

「生存を基礎とする人格権が公法、私法を問わず、すべての法分野において、最高の価値を持つとされている以上、本件訴訟においてもよって立つべき解釈上の指針である。個人の生命、身体、精神及び生活に関する利益は、各人の人格に本質的なものであって、その総体が人格権であるということができる。人格権は憲法上の権利であり（一三条）、また人の生命を基礎とするものであるがゆえに（二五条）、我が国の法制下においてはこれを超える価値を他に見出すことはできない」

アイドルグループのメンバーだった女性が、男性ファンと交際したとして所属していた事務所が訴えた事件の東京地裁判決（二〇一六年一月一八日）では、「恋愛は自分の人生を自分らしくより豊かに生きるための大切な自己決定権」「幸福を追求する自由」であり、恋愛は契約違反だとした所属事務所からの損害賠償要求は「いささか行き過ぎ」と判断しました。この判決も一三条に立脚しています。

樋口陽一氏は、国際的に著名な憲法学者であり、「九条の会」の発起人である井上ひさし氏の高校の同期生であり、菅原文太氏の一年後輩です。三人とも憲法を守る仕事で重要な役割をはたした（はたしている）ことで知られています。

樋口氏は、憲法に関する自らの立場を、「個人の尊重という価値を大前提としたうえで、権力からの自由を近代憲法の核心としてとらえ、それと抵触するものを否定するというかぎりでの反・集団主義の見地が、基本的な立脚点となっている」と述べています（『五訂　憲法入門』、勁草書房、二〇一三年、二一〇〜二一一ページ）。さらに「近代憲法原理の本質的な要素である権利保障と権力分立は、さかのぼれば個人を構成要素とする近代社会の基本的構造を前提としている。日本国憲法一三条前段による個人の尊重という原理の宣明は、その意味で、憲法のなかでもいちばん中心的な規定だといってよい」（同、五八ページ）と、一三条の根本的意味を明快に記述しています。

かけがえのない個々人の尊重は、当然ながら、自分の生き方を、自らの「理性に照らして判断する」という自己決定権につながります。

立憲主義の無視・軽視

ところで、安倍政権が成立を強行した戦争法は、内容が憲法九条に違反しているだけでなく、憲法の原理である「立憲主義」に違反していると批判されます。この立憲主義をふり返っておきましょう。

現行憲法の解説教科書として文部省（当時）が作成し、新制中学校一年生用社会科の教科書として発行した『あたらしい憲法のはなし』（一九四七年八月）は、憲法とは「国の治めかた、国の仕事のやりかたを決めた規則」であり、「国民のいちばん大事な権利、すなわち『基本的人権』をきめた規則」であると説明しています。

つまり国の治め方も、権力者の胸先三寸で勝手に行うのではなく、憲法に従って行うことが決められているのです。憲法が国（地方自治体も含めます）の政治や行政のやり方を決める方式を立憲主義といいます。日本は、現行憲法によって、初めて実質的に立憲主義の政治形態をとるようになったのです。そして国民のいちばん大事な権利である基本的人権を憲法で決め、「国家権力」に守らせるのです。

このように、国の治め方を憲法で定め、国の横暴を許さないこと、基本的人権（国民の暮らし方の基本）を憲法で定め、国に保障させていくこと、これが立憲主義にほかなりません。この二つのことが憲法の大事なことだと、『あたらしい憲法のはなし』の冒頭で語られているのです。

現在の日本政治の最大の問題は、立憲主義とは何か、が特に政権与党の大半の国会議員にも理解されず、多くの国民も自覚していないことではないでしょうか。憲法が時々の政権の恣意《しい》を縛る、という原則と、憲法に反することはやらないという原則です。それをやるなら、憲法を変えなければならない、という原則です。

安倍政権、自民党と公明党の国会議員の大半は、憲法に基づく政治や行政という大原則を無視し、軽視し、蔑視しています。このことは、世論や当事者の道理ある反対論を全く無視し、強引な国会運営と強行採決の連発で、戦争法や労働者派遣法改悪をごり押ししたことに端的に表れています。

二〇一六年九月から一二月まで開催された臨時国会でも、TPP承認案・関連法案、年金カット法案、カジノ解禁推進法案が、国会での審議が不十分なままで、与党と日本維新の会によって、強引に承認、成立させられました。その直後に報道各社が行った世論調査でも、法案反対が多数を占めています。共同通信社の調査（一二月一七～一八日実施）では、TPPの国会承認について「よくなかった」が四五・三パーセント、「よかった」が三七・八パーセント、年金カット法成立について「よくなかった」五四・八パーセント、「よかった」三六・一パーセント、カジノ解禁について「反対」六九・六パーセント、「賛成」二四・六パーセントでした。

憲法が「私らしく生きることを保障している」のを確認してきた私たちからすれば、その憲法を尊重しない政治のあり方、立憲主義の破壊ということは、「私らしく生きること」の大きな障害になっているといわざるをえません。

2　日本国憲法は国民がつくった

長年にわたり自民党などが喧伝《けんでん》してきた「押しつけ憲法論」（「日本国憲法は戦勝国に押しつけられたもの」とする主張）は、憲法と、憲法によって定められた平和主義や基本的人権などを無視する雰囲気をつくるための、そして立憲主義を無視・軽視するための最悪の憲法攻撃です。この問題を考えるために、まず日本国憲法の成り立ちを、社会保障を意識しながら確認しておきます。

ポツダム宣言受諾からの再スタート

日本の占領は、事実上アメリカ単独で行われました。その結果として、現実の占領政策はアメリカの戦後構想・戦略の影響を強く受けることになります。また、沖縄の軍政直接占領は、沖縄を戦後の極東軍事戦略の拠点として利用するアメリカの意図を示すものでした。このために、対日占領政策は、アメリカの戦略の変化によって大きく左右されることになりました。

憲法制定過程を含む占領前期においては、アメリカによって、ポツダム宣言が定めた非軍事化・民主化の方針に沿って政治・経済・社会全体の劇的な民主化改革が推し進められました。しかし、米ソ対立・冷戦の本格化にともない、アメリカの占領方針は一九四九年以後の占領後期には明瞭に変化しました。非軍事化・民主化政策は事実上放棄され、日本を極東における反共拠点・軍事的同盟者として育成する方針に変化しました。日本国憲法は、占領初期の日本の非軍事化・民主化を徹底する占領政策の中で生み落とされたものです。

戦後日本を支配し、統治する出発点になったのは、ポツダム宣言です。天皇も日本政府も、これを全面的に受け入れて、無条件降伏をしたのです。日本国憲法を「押しつけ憲法」だと主張する人々は、日本がポツダム宣言を受け入れて敗戦したこと自体も容認できないと思っているのかもしれません。そこで、このポツダム宣言についてもう少し考えてみましょう。

ポツダム宣言には何が書かれているか

一九四五年八月一四日に日本政府は、天皇の了承のもとに、ポツダム宣言を受諾しました。その結果、第二次世界大戦は終結し、天皇および日本政府は連合国による占領、間接統治下に入りました。ただし沖縄県は、本土から切り離され、米軍による直接軍政方式がとられました。正確にいえば、戦後日本を支配した連合国軍最高司令官（Supreme Commander for the Allied Powers、略称ＳＣＡＰ、スキャップ）の総司令部がＧＨＱ（連合国軍最高司令官総司令部）です。

それでは、ポツダム宣言の内容はどのようなものなのでしょうか。ここを確認しないと、憲法論議は前に進めません。主な論旨をたどってみます。

ポツダム宣言には、「日本国国民を欺瞞《ぎまん》し、之をして世界征服の挙に出づるの過誤を犯さしめたる者〔軍国主義者〕の権力及勢力は、永久に除去せられざるべからず」（六項）と書かれています。つまり天皇制、軍国主義、植民地主義、アジア蔑視などは排除しなければならないということです。そして、新しい秩序ができるまでは連合国軍が占領する。「日本政府は、日本国国民の間に於ける民主主義的傾向の復活強化に対する一切の障礙を除去すべし。言論、宗教、及思想の自由並びに基本的人権の尊重は確立せらるべし」（一〇項）とも書かれています。

もし、ポツダム宣言を受け入れなければ、日本全土が、広島や長崎や沖縄のような状態になり、完全に破壊しつくされたでしょう。日本は、このポツダム宣言を受諾して戦争を終結させたわけですから、その内容にふさわしい憲法をつくる責任が与えられたのです。その経緯をこれからふり返ってみますが、そこには、日本人の考えた憲法案や、平和と民主主義を求める日本人の運動・世論が色濃く反映しています。戦争をやめる条件、その約束を守る憲法の制定を多くの日本人が求めていたともいえるのです。

政府がポツダム宣言を受諾した理由——天皇制維持のため

日本政府は、迷いに迷ったあげくに、「本土決戦」を断念してポツダム宣言を受諾しました。受諾するにあたって、政府が最大の関心を寄せた問題は、国民の生命や生活などではなくて、もっぱら「国体」の存続でした。つまり、天皇主権の国家体制を「護持」できるかという一点に集中していました。日本政府にとっては明治憲法に基づく旧支配体制の維持こそが敗戦後の課題であり、政府に明治憲法を改正する意図はまったくなかったのです。

ところで、日本の政府が最初につくった案、すなわち松本烝治国務大臣が委員長となった憲法問題調査会の案は、天皇を君主とする明治憲法とあまり変わらないものだったため、ＧＨＱから突き返されます。ポツダム宣言を忠実に実行しないものだったからです。そのうちに日本共産党、自由党、社会党などいろいろな勢力が憲法の案を出します。

コラム　安倍晋三首相の厚顔無恥

二〇一五年五月二〇日、衆議院の党首討論で、日本共産党の志位和夫委員長が、「『ポツダム宣言』では、日本の戦争についての認識を二つの項目で明らかにしております」（第六項と第八項のこと）「総理におたずねします。総理は『ポツダム宣言』のこの認識をお認めにならないのですか。端的にお答えください」と質問しました。

安倍首相は、「私はまだ、その部分をつまびらかに読んではおりませんので、承知はしておりませんから（議場がざわめく）、いまここで直ちにそれに対して論評することは差し控えたいと思います」と答えました。

本当にキチンと知らないのであれば、首相の資格なしです。嘘をついたのであれば、これまた首相の資格無しです。国会で嘘をつくことは、民主主義社会で最も恥ずべきことです。

アメリカは天皇制温存へ

ＧＨＱトップである連合国軍最高司令官マッカーサーは、米国の保守政党、共和党の最右翼にある政治家であり、自らの占領政策を円滑に進めるために天皇を裁かない方針でした。彼はアイゼンハワー参謀長（後の大統領）に「天皇を戦犯として裁判にかけて処刑することは、一〇〇万人の占領軍の長期的駐留を必要とする」という趣旨の電報を打っています（一九四六年一月二五日）。そして、天皇が国民に対して持つカリスマ的権威を利用して、「上からの民主化」を図ることを決意しました。

連合国内部の意向や国際世論に反して天皇の戦争責任を免罪するためには、日本が再び軍国主義化しない「保障」を世界に示す必要がありました。特に連合国の最高政策決定機関、極東委員会が実際に活動を開始する一九四六年二月末までにそれを示す必要があったのです。その最大の保障手段こそが、日本の民主化と非軍事化を具現する「新憲法の制定」でした。

こうして、大枠においては、ポツダム宣言を実施する内容を持つ憲法を、アメリカ単独支配の条件下で、しかもマッカーサーの主導下において、急いで制定するという枠組みが出来上がったのです。天皇制をなくすとか、天皇の戦争責任を問う枠組みではなかったのです。

すぐれた内容だった憲法研究会の要綱

民間の憲法研究会も「憲法改正要綱」をつくり、GHQと日本政府に出します。これは立派なもので、オリジナルな内容です。鈴木安蔵という人が書きました。この人は京都大学の哲学科に入り、後に経済学に移りましたが、治安維持法で退学させられた経験を持っています。独学で日本の明治期における自由民権運動や憲法を研究し、敗戦直後に発足した憲法研究会に参加しました。鈴木安蔵氏が中心になってつくった憲法研究会の要綱は、一九四五年一二月二六日という早い段階で、GHQと日本政府に手渡されます。

「憲法研究会」の「憲法草案要綱」には、自由民権運動の時期につくられた多くの民間憲法草案が反映されていました。それは、マッカーサーの言葉によると「度肝を抜く」「そこまで考えが及ばなかった」内容でした。国民主権を宣言し、天皇は政治に関与せず、儀礼的存在であるという象徴天皇の論理を明確に打ち出しています。それまで、GHQも日本政府も、天皇は元首という考えから抜け出せていませんでした。

憲法研究会の「憲法草案要綱」にGHQが注目して「GHQ憲法草案」が作成されたため、これは、

ＧＨＱ案を原型とする現行の憲法の内容に、間接的に多くの影響を及ぼしたのです。

ＧＨＱ案を土台にした政府案

日本政府は明治以来の天皇元首制を何とか守ろうという立場でした。ＧＨＱの中心であった米国側も国民主権、天皇の政治への無関与という構想を持っていませんでした。

日本政府側が準備した憲法案は出来が悪かったので突き返され、マッカーサーはＧＨＱに独自に案をつくらせました。どちらも憲法研究会の「憲法改正要綱」ほど立派な構想を持っていなかったのですが、最終的には、ＧＨＱ案をもとにした政府の憲法草案が、主権は天皇にあるのか国民にあるのかあいまいなままで、国会に提出されました。昭和二一（一九四六）年に女性も参加した最初の衆議院選挙があり、その国会で憲法が議論されました。

国会での議論を通してどう変わったのか――第一条

当初は天皇主権とも受け取れる第一条について、主権在民を明示せよと迫ったのが日本共産党です。「天皇は、日本国の象徴であり日本国民統合の象徴であつて、この地位は、主権の存する日本国民の総意に基く」と主権在民を明記させました。共産党は「新憲法の骨子」（一九四五年一一月一〇日）の段階から国民主権を主張していました。国会の外でも都内駅頭で店売されていた新聞「民報」[*]一九四六年七月七日付が「主権在民の思想は、英訳に関する限りすこぶる明確である、しかし日本原文の方は、何故か、すくなからず明確を欠き直接主権所在問題と関係なきが如き感を与へる」と批判したのです。

最終的には日本の占領政策を管理する極東委員会が七月二日、「日本の憲法は主権が国民にあることを認めるべきである」との決定を行います。こうして前文、第一条については現在のように「国民主権」の規定が明記されることとなりました。

＊「民報」（のちに「東京民報」と改題）は、ＧＨＱ占領下の一九四五年一二月一日に旧同盟通信社の松本重治、長島又男、栗林農夫らが創刊したオピニオン紙（政論紙）です。東京における最初の日刊の新興紙です。「民報」の寿命は三年と短くて、他の新興紙と同様に「民主革命」の高揚期が去った一九四八年一一月三〇日に廃刊しています。メンバーの思想的立場は、「社会改革派」「統一戦線派」では共通していても、松本のようなリベラリストから、長島のように後で日本共産党に入党したメンバーもいます。共産党の機関紙ではありません。

第二五条の場合

現行憲法二五条一項は、「すべて国民は、健康で文化的な最低限度の生活を営む権利を有する」と規定して、国民の生存権を定めています。その起源は、憲法研究会要綱の「一、国民は健康にして文化的水準の生活を営む権利を享有す」にあります。

また、ソ連憲法一二〇条にならって憲法研究会要綱では「一、国民は老年、疾病其の他の事情により労働不能に陥りたる場合生活を保証さる権利を有す」としています。これらを、憲法研究会メンバーの一人であった森戸辰男や、メンバーではありませんが黒田寿男などの社会党議員が、帝国議会での憲法審議のなかで、新憲法の政府案に、これらの憲法研究会要綱の内容を追加するように主張して、第二五条に盛り込まれたのです。憲法研究会要綱は、「実に多くが日本国憲法として実現した」（原秀成『日本国憲法制定の系譜』第三巻、日本評論社、二〇〇六年、六二九ページ）のです。

二五条二項は、政府原案では「法律は、生活のすべての面について、社会の福祉、社会保障および公衆衛生の向上および増進のために立案されなければならない」となっていました。この文言を、国の責任を、立法だけでなく、行政、司法をも包括する広いものとするために、社会党議員団の提案で、「国は、すべての生活部面について、社会福祉、社会保障及び公衆衛生の向上及び増進に努めなければならない」という文言に改めたのです。

コラム　五日市憲法を尊重する皇后

皇后は、二〇一三年一〇月二〇日の誕生日にあたって発表した文書のなかで、明治期の自由民権運動の中でつくられた五日市憲法を高く評価し、GHQの憲法草案作成にあたったベアテ・シロタ・ゴードンに敬意を表しました。五日市憲法は、東京の五日市（現在は、あきるの市）周辺の青年たちが自主的に作成した憲法草案です。こうした自由民権運動の中で取り組まれた憲法作成の歴史は、憲法研究会の憲法改正要綱にも受け継がれました。皇后の文書はこう述べています。

「『五日市憲法草案』のことをしきりに思い出しております。明治憲法の公布（明治二二年）に先立ち、地域の小学校の教員、地主や農民が、寄り合い、討議を重ねて書き上げた民間の憲法草案で、基本的人権の尊重や教育の自由の保障及び教育を受ける義務、法の下の平等、更に言論の自由、信教の自由など、二〇四条が書かれており、地方自治権等についても記されています。当時これに類する民間の憲法草案が、日本各地の少なくとも四〇数か所で作られていたと聞きましたが、近代日本の黎明期に生きた人々の、政治参加への強い意欲や、自国の未来にかけた熱い願いに触れ、深い感銘を覚えたことでした。長い鎖国を経た一九世紀末の日本で、市井の人々の間に既に育っていた民権意識を記録するものとして、世界でも珍しい文化遺産ではないかと思います」。

「この一年も多くの親しい方たちが亡くなりました。――日本における女性の人権の尊重を新憲法に反映させたベアテ・ゴードンさん、等、私の少し前を歩いておられた方々を失い、改めてその御生涯と、生き抜かれた時代を思っています」。

「ネット右翼」は憲法に対し「ユダヤ人の陰謀による」などと荒唐無稽な悪罵を浴びせていますが、皇后の発言では、ほかならぬユダヤ系アメリカ人であるゴードンを高く評価しているのです。

憲法を国民はどうみたのか――平和を歓迎

ポツダム宣言の受諾、占領下の新たな暮らしを、当時の日本の人々は、どのように受け止め、どのように考えていたのでしょうか。もとより、限られた資料からの推測ではありますが、平和を歓迎していたことは間違いないでしょう。

当時、長く続いた戦争と悲惨な敗戦によって国民の生活は困難をきわめていました。しかし、早くも敗戦一週間後から、「力の日本を築くことに失敗したわれわれは、今後平和の民としての営みに入る」（毎日新聞一九四五年八月二一日付）、「世界人類のし烈な平和への欲求は、もはや何国によっても否定し得ないものがある。武力主義はこの人類の世界的欲求と相いれない」（朝日新聞同年八月二八日付）などの「社説」が新聞に登場してきます。

ジャーナリスト（東洋経済新報社主幹）だった石橋湛山（後の首相）は、「我々は茲《ここ》で全く心を新たにし、真に無武装の平和日本を実現すると共に、引いては其《そ》の功徳を世界に及ぼすの大悲願を立てるを要す」と主張しています（東洋経済新報同年一〇月一三日付）。権力者となった占領軍への配慮があることを差し引いても、戦争から平和へ、世界の孤児から世界の一員として、という気風が充満していたことを感じ取ることができます。

憲法を守り後世に伝えるのは国民の義務

以上のように、日本の国民に選ばれた日本の国会議員が、国会の場で、マッカーサーお墨付きの政府憲法案を、国民にとって良いものに、大きく、大きく、変えたのです。憲法一条と二五条からみても、憲法が押しつけだという議論は成り立ちません。日本国民側からの提案を踏まえて、憲法制定のための日本の国会で議論をして、多くの補強がなされて、日本国憲法ができたのです。

この流れ全体を見れば、憲法は押し付けられたのではなく、日本国民がつくり、日本国民が支持したものです。そして、憲法九七条が強調するように、「この憲法が日本国民に保障する基本的人権は、人類の多年にわたる自由獲得の努力の成果であつて、これらの権利は、過去幾多《いくた》の試錬に堪《た》へ、現在及び将来の国民に対し、侵すことのできない永久の権利として信託されたもの」なのです。私たちは、憲法が保障する基本的人権を、将来の子孫にも、守り伝える義務があるのです。

コラム　憲法は伝える必要がある

この点で思い起こすべきこととして、アメリカの独立宣言があります。アメリカの独立宣言（一七七六年七月四日）では、政府が国民を大事にしない政治を続ける場合、いかなる手段を用いても合理的な政府に変える権利があり、それは米国の子孫に対する義務である、としています。

一九六〇年代に、社会調査を目的に、この独立宣言をビラにしてニューヨークで撒《ま》いた人がいました。これを読んだ人の大半が、このビラは、ソ連の謀略ビラだと答えたそうです。そのくらい、アメリカの人びとは、独立宣言を読まなくなっていたのです。

私たちは、憲法をよく読まなければならないと思います。そして、憲法をないがしろにする政府については、「そのような政府を廃棄し、自らの将来の保安のために、新たなる保障の組織（生命・自由・幸福を追求する権利を尊重する政府のこと）を創設することは、かれらの権利であり、また義務である」（前出『人権宣言集』、一一四〜一一五ページ）という、独立宣言を思い起こす必要があります。

第2章　社会保障とは何か、から考える

1　社会保障、社会のありよう、人びとの暮らし

社会保障とは総合的生活保障

社会保障のとらえ方は社会や時代によって変わります。そもそも社会保障が形成され、発展するためには、歴史的な条件が必要です。この条件は国によって、時代によって異なります。ある国で社会保障が形成されたとしても、社会保障の内容は、各国の歴史的諸条件（経済、政治、社会、文化）によって異なっています。ここでは、二つの大部な社会保障事典の記述と、イギリスおよび北欧でのとらえ方を見ておきます。

『社会保障事典』……『社会保障事典』（編集代表吉田秀夫、大月書店、一九七六年、約九四〇ページ）によれば、社会保障制度は、先進諸国においても戦後いくたの改革が加えられ、世界各国に、それぞれの国の事情に応じて急速に普及していきました。「にもかかわらず、現在において、社会保障とは何か、その概念や体系に国際的に明確な定義やあり方が確立されているとはいえない」（吉田秀夫執筆、五九ページ）のです。

『社会保障・社会福祉事典』……『社会保障・社会福祉事典』（編集代表沼田稲次郎、労働旬報社、一九八九年、八六四ページ）によれば、社会保障は広義と狭義に分けられ、狭義の社会保障は、ほぼ所得保

障を意味しますが、「広義の社会保障（スウェーデン、デンマーク、オランダ、ドイツでは社会福祉と同義）には、所得保障、医療、公衆衛生、社会福祉、公害救済などの各種社会福祉サービス、住宅、教育などを含めて広く理解されている」（二五八ページ、執筆担当佐藤進）のです。

イギリスと北欧の場合

イギリスでは伝統的にsocial administration（社会福祉管理論と訳されることが多い）という用語を使います。筆者が一九七九年から八〇年にかけてロンドン大学経済政治大学院（ＬＳＥ）に留学したときに使用したテキストは“Introduction to Social Administration in Britain”（英国における社会福祉管理論入門）でした。この教科書で扱われている問題領域は、①貧困、②保健サービス、③教育、④住宅、⑤対人社会サービス（日本でいう社会福祉サービス）、⑥児童虐待と家族福祉、⑦高齢者サービス、⑧身体障がい者サービス、⑨精神障がい者サービスでした。特別な課題として環境が取り上げられました。「大きい環境としての地球環境」と「小さい環境としての住宅」という対比がなされ、いずれも人間活動の器として重視すべき分野という位置づけでした。

一方、北欧における社会保障の位置づけを反映するものとして、ヨルマ・シピラ編著『社会ケアサービス――スカンジナビア福祉モデルを解く鍵』（日野秀逸訳、本の泉社、二〇〇三年、第2章「新たな政策、新たな言葉――スカンジナビア社会政策におけるサービス概念」参照）を紹介しておきましょう。著者のシピラらはスカンジナビア福祉モデルを、雇用保障、公的扶助、社会サービスによって構成され、社会サービスには教育、住宅、所得、保健・医療、社会ケアサービスが含まれると整理しています。

社会ケアサービスとは、一九七〇年代からスカンジナビア諸国に登場した概念で、保育、介護、障がい者サービスが主たる内容です。女性の著しい社会進出や高齢化やノーマライゼーション概念の普及などが背景となっています。社会ケアサービスは、第五の社会サービスともいわれます。

最近の国際的な社会保障像

近年、ＥＵ（欧州連合）や、ＩＬＯ（国際労働機関）など国連関係の文書で目立つのが社会的保護、あるいは社会保護という表現です。ＩＬＯの二〇〇九年六月総会で、「グローバル・ジョブズ・パクト」（仕事に関する世界協定）を採択しました。この協定では四分野が強調され、四番目が「開発途上国を含むすべての国が、雇用と社会的保護を経済・社会・貧困削減政策の中心にすえる」ことです（しんぶん赤旗二〇一一年三月五日付）。

さらに二〇一二年のＩＬＯ総会では、社会的保護の床（floor of social protection）をしっかり張り巡らすことが提起されました。また、二〇一二年六月一八日～一九日にメキシコで開催された二〇カ国・地域（Ｇ20）首脳会議で採択された首脳宣言には、各国が「社会的保護の床（最低基準）」を確立することが盛り込まれました。社会的保護とは、年金、医療などの従来から社会保障と呼ばれてきたものに、最低賃金などを含めて、「人間らしい暮らしを営むのに必要な社会的制度」のことを意味しています。したがって社会的保護の床とは、「人間らしい暮らしを営むのに必要な社会的制度」の最低基準を意味します。

医療に関する話ですが、二〇一二年一二月一二日の国連総会で、「支払い可能で利用可能な質のよい

図1　総合的生活保障

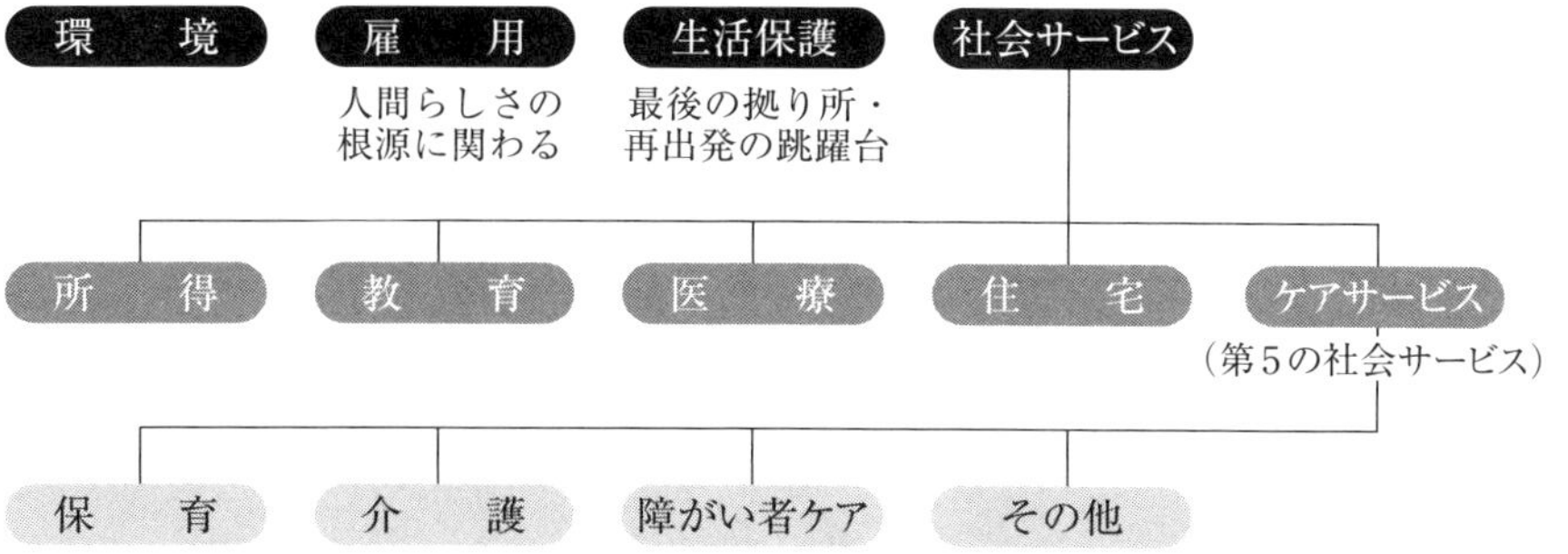

保健医療サービスの提供を各国政府に強く求める」決議を採択しました。いつでも、どこでも、だれでも、お金の心配なく医療を受けられるように、という趣旨です。こうした世界の流れにも逆行する、異様な医療政策・社会保障政策を掲げているのが財界であり、自公・安倍政権です。日本では、長期にわたって、社会保障の後退や変質が、政府・財界によって進められています。しかし、国際的には、あるいは国連レベルでは、社会保障の充実を目指す流れが強まっているのです。

生命、労働力、生業、生活……次の世代でも

国際的動向も念頭に置くと、社会保障の範囲を広く理解することが合理的でしょう。生命、労働力、生業、および生活が成り立ち、それも現世代だけではなく次の世代、その次の世代でも成り立つような保障を総合的に行う仕組み、つまり総合的生活保障が現代の社会保障です。一九五〇年から一九九五年までの社会保障に関する政府の公式な理解を表したのが、社会保障制度審議会（総理大臣の諮問機関）の「社会保障制度に関する勧告」（五〇年勧告）です。ここでは、社会保障とは「すべての国民が文化的社会の成員たるに値する生活を営むことができるようにすること」であり、「このような生活保障の責任は国家にある」と明記

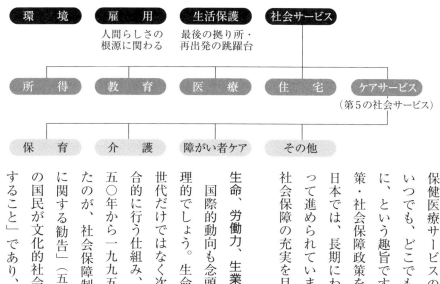

していました。「生活保障」が社会保障であると記述しています。

この総合的生活保障を図1（前ページ）にしてみました（日野秀逸作成）。左上に「環境」という言葉も入っていますが、これは何世代も、何十世代も後になっても、生命が守られ、働く能力を育み・維持し、仕事が成り立ち、暮らしが成り立つための保障です。

生活の実態から必要になった（社会保障の必要条件）

社会保障は、各国で試行錯誤を繰り返し、歴史的に行われた運動であり、歴史的につくられてきた制度であり考え方です。とりわけ労働と生活の現実から、必要な社会保障の内容が意識され、運動になり、政府に実現を迫り、しかも資本家などの反対と衝突しつつ、ある具体的な内容に落ち着いて、制度化され、さらにその制度が、労働と生活のあり方を変え、変わった労働と生活が、また社会保障に反映されて、社会保障も変化してきたものです。

図式的に書けば、「生活実態・生活問題（その時代・社会の資本主義のあり方）→政策要求→社会的運動→政治の過程（力関係のあり方）→具体的制度・運用→生活実態～」となります。

生活問題には、恋愛や夫婦の間の問題や、どの宗教を信じるかという信仰の問題、近所との付き合いに関わる問題などなど、多様な内容があります。少なからぬ部分は、本人や家族や近隣の判断、選択、協力などによって解決されています。

生活問題には、失業や、貧困や、病気や、老いることや、人種差別に由来するものを含めて各種の差別などがあります。地震・雷・火事・水害などの自然災害も大きな生活問題になります。こうした問題は、個人的に対応することが困難です。

私たちが問題にしている社会保障は、自分や家族や隣近所の手には負えなくなった生活問題を対象としています。社会保障がなぜ生まれたか、という問いに対する最も基本的な答えは、自分や家族や近隣では対応できない生活上の困難（社会問題としての生活問題）が増えてきたことです。

はじめに半ば結論を語る形になりますが、自分や家族や隣近所では手に負えないから、社会の責任でやりましょうというのが社会保障です。社会保障が生まれてきたのは、資本主義社会になってからです。生活問題は、資本主義社会になってから、種類も量も増えました。特に、社会問題としての生活問題が増えました。

資本主義社会の「自由」と自己責任

資本主義社会（近代市民社会）では、個々人が、家族・近隣・ギルド（同職組合）からも「自由」になりました。近代市民社会の、個人の尊重、居住の自由、職業選択の自由などと引き替えに、生活は自己責任で営むことが原理とされました。生活の自己責任です。

資本主義社会の民主主義は、所有権の自由を最も重要な権利とみなしました。各人に平等な競争の機会をあたえることだけが、自由な生産を促進し、一人ひとりに金もうけの機会をあたえ、富を平等に配分し、一人ひとりの欲望をよりよく充足すると考えるのです。

他方で、ものの考え方の面では、「自助」「自己責任」こそが、社会の主要な原理であり、「自助の条件の存在しない弱者」にのみ政治やコミュニティが援助をあたえ、彼らが市場で競争しうるよう援助すべきだとする貧困観や救済観が広まりました。富む自由も、「貧困の自由」もある、どうなるかは本人の責任だというのです。いわゆる「弱者」は、社会生活における敗北者であり、社会と経済の進歩が生み出す必然的現象であり、これを救済することは、競争の意欲を弱めて社会の進歩を遅らせるとみる「競争至上主義者」も少なくなかったのです。

貧困、産業革命、生活問題の深刻化

近代市民社会が理念とした「自立した個人が自己責任で自由に生きてゆく」社会は、たてまえ、あるいはごまかしにすぎませんでした。自立できたのは、資本家、資産家、地主、一部の専門職などだけでした。それ以外の多くの人びとを待ち受けていたのは、低所得・無所得、低劣なスラムでの生活、生きていく誇りを失った無気力と犯罪の累積などなどです。結局彼らは、大都市の下層社会を形成していくことになりました。浮浪、性的放縦、私生児、無教育、不衛生、犯罪、アンダーグラウンドの職業など、およそ近代の原理に反する状態が下層社会に集中していました。

こうして資本主義社会では、実際には生活の自立・自助は労働者にとっては容易なことではなく、自助の限界・貧困・困窮の不安が増大したのです。資本主義社会では、ごく一部の経済的・社会的勝者の対極に、大勢の貧しい労働者、農民、自営業者が、特段の社会的保障もなく、厳しい生活苦にあえぐことになりました。

また、産業革命として知られる資本主義的な工場制大工業の発達は、不衛生な環境をもたらしました。病人、寡婦、孤児、障がい者などの自立できない人びとを大量に生み出しました。

表1　1840年前後のイギリスの平均死亡年齢

地域	ジェントリーと専門職	農民と商人	労働者と職人
ラトランド（Rutland）	52	41	38
バース（Bath）	55	37	25
リーズ（Leeds）	44	27	19
ベスナル・グリーン（Bethnal Green）	45	26	16
マンチェスター（Manchester）	38	20	17
リヴァプール（Liverpool）	35	22	15

Anthony S. Wohl, Endangered Lives——Public Health in Victorian Britain, Methuen, London, 1983, p.5　オリジナルは『ランセット』（イギリスの医学誌）1843年8月5日号

資本主義のもとで、とりわけ産業革命のもとで、生活問題がいかに深刻になるか、広範なものになるかは、フリードリヒ・エンゲルスが『イギリスにおける労働者階級の状態』（一八四五年）で詳細に描いています。エンゲルスは、二〇代前半にロンドンやマンチェスターの労働者の実態を足で調べ、官庁統計を駆使して、その状態を分析しました。

また、日本のイギリス社会史研究者たちによって書かれた『路地裏の大英帝国』（角山栄・川北稔編著、平凡社、一九八二年）も、一九世紀のイギリス庶民の暮らしぶり（＝生活問題）を生き生きと伝えてくれます。

表1は、一八四〇年前後のイギリスの平均死亡年齢（average age at death）です。ラトランドとバースは比較的労働者の少ない地域で、ベスナル・グリーンはロンドンの中の労働者の多いところ、マンチェスター、リヴァプール、リーズも労働者の多い都市です。

産業革命が一段落した一八三〇年から一〇年経った段階で、労働者や職人が平均で二〇歳前に死んでしま

うようになってきました。リヴァプールに至っては一五歳になってしまったのです。生まれてすぐ死ぬ人が多いので一五歳という数字になっていますが、それにしても大変な数字です。簡単にいえば、苛酷な労働条件と、不衛生な生活条件が生み出した数字でした。

支配層も問題視するように——ルールをつくった

この労働者の消耗・損耗は、市場万能主義と生活の自己責任論の行き着く先を表しています。個別の資本家は自分さえ儲《もう》ければいいのですが、イギリス資本主義全体としては、労働力の再生産ができず、次の世代の働き手の確保（世代的再生産）ができないので、資本主義が崩壊してしまうことを恐れました。総資本としての国家の立場から見ると、放っておくわけにはいかなかったのです。

いかに労働力の売買が自己責任とはいっても、国家が介入せざるを得なくなったのです。自己責任というのでは、結局は資本主義自体が破綻《はたん》するという最初の例でした。

こうして、イギリス国家が、一八三〇年代に工場法を改正して労働時間を制限したり、工場の労働条件に関する各種の規則を決めたのです。また一八四八年に公衆衛生法を世界で最初につくり、空気や水の汚染を防ぐとりくみをしたのです。国家が総資本の立場から、労働と生活環境に対して規則（ルール）をつくり、規制を行ったのです。これは社会保障へ向けて、その前史ともいえる重要な前進でした。ルールある資本主義への第一歩でした。

社会的規制なしには労働者のいのち・健康を守れない

資本主義社会を深く分析したカール・マルクスは、主著『資本論』の中で、過酷な長時間労働や劣悪な労働条件が「労働力そのもののあまりにも早い消耗と死亡」を生み出すことを明らかにしました（『資本論』新日本出版社、新書版、第二分冊、四五七ページ）。そして、「資本は、社会によって強制されるのでなければ、労働者の健康と寿命にたいし、なんらの顧慮も払わない」（同前、四六四ページ）と述べています。

大事なことは、「資本は、社会によって強制されるのでなければ……」と言っていることです。労働時間の無制限の延長による労働者階級の衰退を避けるには、社会的強制によって、資本の行動を規制する以外にありません。新工場法（一般工場法、一八三三年）も、新救貧法（一八三四年）も、公衆衛生法（一八四八年）も、労働者・市民のいのちと健康を守らせるために、労働者・市民が要求や運動という「社会的強制」によって、資本家や国家の行動を規制するという側面を持っています。

自己責任論という資本主義の支配的な思想にも、一定の変化が生じました。公的（国家的）介入を進めたのは、当時、哲学的急進派や新自由主義者と呼ばれた社会改良主義者です。ジェレミー・ベンサム、ジョン・スチュワート・ミルなどが代表で彼らは功利主義者とも呼ばれ、一定の労働者にも選挙権を拡大した一八三二年の選挙法改正をはじめとする、広範な社会経済的改革の原動力となり、イギリス近代社会の形成に大きな影響を与えました。

自由放任政策を唱えるだけの従来の経済学の狭さを脱却して、労働時間をはじめとする労働条件や賃金水準を市場まかせにするのではなく、社会的な規制を主張したのです。

上記の新救貧法や公衆衛生法創設の牽引《けんいん》車になったのは、ベンサムの秘書であったエドウィン・チャドウィックです。かくして工場・職場でも、家庭生活の場でも、ルールが導入されました。それが社会改良です。

運動の力が決定的（**社会保障の十分条件**）

こうした過程の全ての段階で、社会保障運動を進める側と、押しとどめる側との「力関係」が大きな意味を持っています。説得力のある要求と政策、多くの国民に政策を広める運動、制度の制定や改善に向けた運動の大きさ、深さがものをいうのです。

日本では戦前、社会保障という制度はありませんでした。その大きな理由は、社会運動が発展する条件を奪われていたからです。思想・信条の自由、調査・研究・表現（発表）の自由、団結権、結社の自由等々がなければ、社会運動は発展しません。日本では、こうした諸権利は現行憲法によってはじめて保障され、それを基礎に、社会保障運動が展開され、社会保障制度がつくられたのです。

この章では、社会保障制度というものはなぜつくられたのか、という問題を考えています。そして、生活問題の存在が社会保障制度形成の必要条件であることを確認しました。貧困や疾病などを中心とした生活問題が、社会保障を必要とする必要条件です。

しかし、生活問題が個別的、散発的、地域的、偶発的なうちは、問題を個別的に、地域的に、そのつど処理すればよいことになります。具体的にいえば、個人ないしは個々の家族の問題として、慈善的な施しを与えたり、一時的な「災難」として食料を配給したり、あるいは村落共同体やギルドの相互扶助で対処すればよいことになります。

社会保障の成立のためには、生活問題が社会問題になることが不可欠です。つまり、生活問題が、恒常的、構造的、全国的に発生するものだという認識が広まり、そういうものとして社会的に対処されることによって、社会保障的な制度が生まれるのです。

次に、生活問題を社会問題にする原動力は何かという点です。それは、いうまでもなく生活問題を抱えて苦しんでいる当事者です。貧困層や患者などであり、もっとも生活問題に直面することの多い階級、階層です。こうした人びとが、社会的に問題を明らかにし、声を上げ、改善を要求することです。つまり、社会運動が不可欠です。

民主主義が不可欠

社会運動が発展するためには、つまり生活問題が社会問題へと発展するためには、民主主義の発達が不可欠です。生活問題を社会的に解決すべき問題だと主張し、行動することが出来なければ、社会保障は形成されません。「生活の社会的保障」を要求して、社会的に運動すること、生活問題を社会的に解決せよと、声を上げ、「騒ぐ」ことが不可欠です。

つまり、生活問題の社会問題化が、社会保障形成の必要条件なのですが、社会問題にするには、社会運動が必要です。そして民主主義がなければ、たとえば結社の自由や、思想信条の自由や、表現の自由や、集会・デモの自由や、議会制政治や普通選挙権の確立などがなければ、社会運動は困難であり、社会保障の形成は困難です。戦前の日本には、社会保障は存在しなかったのですが、それは、主として民主主義がきわめて限定されていたからです。

社会保障の話を、かなり長くしてきました。生活問題が社会保障の出発点で、それが、社会問題に発展し、社会的に対応されなければならなくなった時点で、社会保障（その先駆形態の社会保険）が登場したのです。

「騒ぎ」なくして社会保障改善なし

社会運動と社会保障の関係を示す実例を見ましょう。大臣や次官・局長など、戦後の医療行政に直接関わった政治家・官僚が、自らの体験を語った記録が『戦後医療保障の証言』（小山路男編著、総合労働研究所、一九八五年）です。一九六〇年頃に小児麻痺《まひ》（ポリオ）が流行した時に、自民党は、ソ連製の生ワクチンを輸入することに強く反対しました。ソ連から恩を受けると外交的に不利だということが、反対の理由でした。

当時の厚生大臣だった古井喜実氏は、「ところが母親たちになりますと、ポリオには非常に恐怖心をもっておりまして、だんだん、だれがたきつけたのか知らないが騒ぐのですよ、何とかしろ、ポリオをなんとかしろと」（二六五ページ）と書いています。

太宰博邦厚生事務次官は「厚生省が取り巻かれたのだから。薬務局長なんていうのは昼の時間に庭に引きずり出されて、どうしてくれる、どうしてくれると……。親が来て、こんなに発生しているのに厚生省はどんな手を打つのだという、こういう詰問ですよ。……毎日つるし上げというような格好でしたよ」（二六七ページ）と語っています。

子どもを背負った母親たちが、守衛の制止も聞かずに、どんどん厚生省の中庭まで入っていって、小児麻痺の予防をしっかりしなさい、生ワクチンを導入させなさいと、薬務局長などに迫ったのです。この結果、ソ連から生ワクチン一〇〇〇万人分、カナダから三〇〇万人分を緊急輸入しました。

これは、生後三カ月から六歳未満の全乳幼児と、流行地の六歳以上の児童すべてに投与できる量でした。まさに当事者である母親たちの社会的運動が、小児麻痺予防の特効薬であった生ワクチンをソ連などから導入させたのです。こうした運動のことを、大臣などは、「騒ぎ」と表現しているのです。騒ぎというのは、母親たちをはじめ、労働組合や医療団体、中央社会保障制度推進協議会（中央社保協）などが一体となって、「子どもたちの生命」を守り抜いた歴史的なたたかいのことです。社会保障をよくするには、「騒ぎ」を起こさなければならないことを、当局が証明しているのです。

小児麻痺だけではありません。結核予防のＢＣＧ接種では、大きな瘢痕が腕に残ることへの不満が強まりました。当時、公衆衛生局長だった山口正義氏は、「それからもう一つ潰瘍の問題です。ＢＣＧの接種によって潰瘍が出来ることは事実です。……いまはそうでない。経皮接種という針でぽっと押すだけです。それは研究して変わりました。あれだけ騒がれた結果、そのように改善されました」（一二〇ページ）と語っています。この問題でも、「騒ぎ」がなければ改善されなかったのです。

2　スウェーデンの例から考える

「私らしく生きる仕組み」としての社会保障

スウェーデンは一般には「全国的制度として保健・医療・福祉が手厚く整備されている国」とみなされます。しかし、労働組合運動や社会民主党の有力な幹部が、社会保障の給付が手厚いことをもって満足していたわけではないのです。むしろ、社会保障の諸制度を活用して、国民が自分の生き方を自由に選択できる社会を目指そうとしたのです。

自由選択社会という構想は、一九六〇年代にスウェーデン労働総同盟の政策を担ったレーンとメイドナーが提示したモデルです。その構想の特徴は、経済を活性化しつつ、労働者の賃金水準を高く維持し、そのことが税収を支え、多面的な福祉的施策を可能にする、という仕組みです。

こうした土台の上に、国民が「私らしく生きる」ことができる社会を築こうというのが、自由選択社会構想です。はじめに断っておきますが、こういう社会が、スウェーデンで実際にできたわけではありません。現実のスウェーデン政治では、保守的な政府が何度も成立しましたし、社会保障政策にも前進後退・紆余曲折《うよきょくせつ》があります。

しかし、政権を獲得した政党や、それを支える主要な勢力（労働運動）から、「自由選択社会」の構想が生まれたことも事実です。この本は、憲法や社会保障は、その本質からして、一人ひとりが「私らしく生きる」ことを支える仕組みだという立場に立っています。その立場から、このスウェーデンで提起されたモデルを一つの知恵として振り返っておきましょう。

賃金の決め方

「私らしく生きる」ことを具体的に構想した事例として、スウェーデンの「自由選択社会」を紹介するわけですが、話にリアリティ（現実性）を持たせるためには、構想の基本にある労働市場政策・賃金政策の仕組みを知ってもらう必要があります。

図２　連帯賃金・積極的労働市場政策

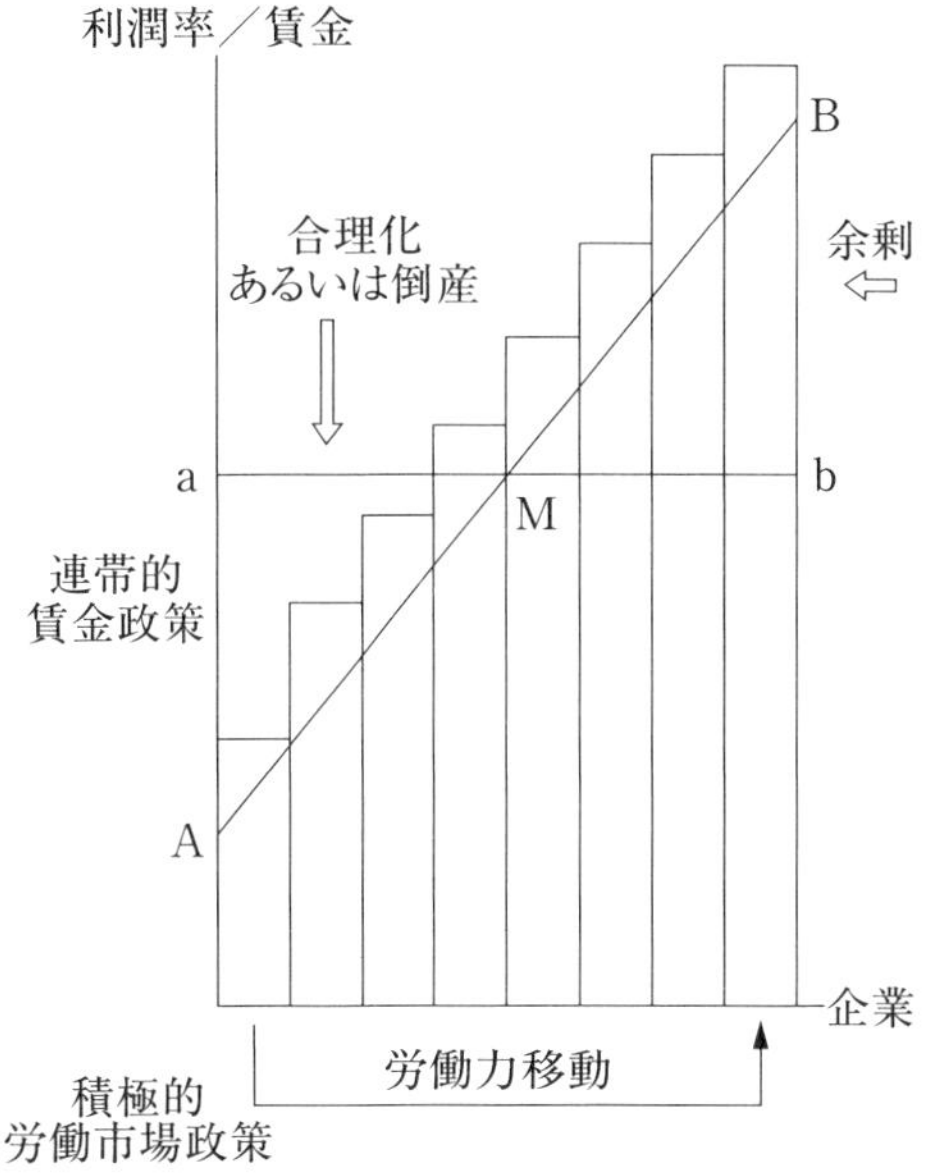

出所：Hedborg and Meidner, 1984 : p.67の図を一部簡略化し加筆（宮本太郎『福祉国家という戦略』法律文化社、1999年、p.124）

図２がスウェーデンの「自由選択社会」の基本にある働くことと賃金のありかたです。横軸は企業を表しています。縦軸は労働生産性を表しています。普通の資本主義社会では、賃金はＡＢの斜線で表されます。生産性の高い企業（図では右側に位置する）の賃金が高いのです。

ところがスウェーデンでは、一九六〇年代から基本的には一九九〇年ころまで（産業別、地域別に見れば細かな違いはありますが）、ＡＢではなくａｂで表される水平線が賃金を表していました。つまり、所属する企業は異なっていても、同じ産業で働き同じ職種ならば同じ賃金なのです。労働運動の側から言えば労働者同士が企業の業績によって分断されることのない、連帯的な賃金だということができます。

「積極的労働市場政策」

他方で、労働市場という観点から見ると、生産性の低い企業（図では左側に位置する）は支払い能力以上の賃金を出さなければなりませんから、他の企業に吸収されるか、倒産せざるを得なくなり、その企業の労働者は失業します。スウェーデンの労働力市場政策は、積極的に失業を起こし、生産性の高い企業・産業分野・地域へと、労働者を移動させる政策なのです。この意味で積極的労働市場政策と呼ばれます。

スウェーデンは確かに倒産の多い国です。ただし失業者が多くては、社会保障が進んだ国と言うわけにはいきません。ここで登場するのが、再就職にむけた手厚い制度です。

「スウェーデンでは合理化は新たな転身の機会でもある」という見出しの朝日新聞（二〇〇一年一一月八日付）の報道は、日本でも有名な大手通信機器メーカーのエリクソンを取材しています。エリクソンが大規模な解雇によって労働コストを下げて生産性を上げる方針を実施しました。「会社と労働組合、政府・自治体が連携して約一五〇〇人を再就職させる」取り組みが始まりました。解雇されても「エリクソンからの差額補助金で現在の給料を一二カ月間保障され、その間に大学や企業での実習などで新しい技術を身につける」取り組みです。

品質管理の仕事をしていて解雇されたインゲラ・アンデルセンさん（三九歳）は一年間に四つの企業で実習予定です。「自分を高めるいいチャンスだと思う。何とかなるわよ。大丈夫」と話しています。記事は、「これまでもスウェーデンは情報技術（ＩＴ）関連の戦略産業の育成やそれに合わせてＩＴ教育や職業訓練で国民の能力を向上させて、九〇年代前半の経済の停滞も乗り越えてきた。セーフティネットの厚みが改革を進ませる原動力になっている」と結んでいます。

これは、現在、自公政府が進めている解雇規制緩和政策とは、方向が一八〇度異なります。ポイントは、新たな職を見つけるまで、生活費、職業訓練、実際の就労のそれぞれについて、政労資の合意に基づく、十分な保障がなされることです。解雇された労働者は優先的に他産業で雇用されることが、政府・企業・労働組合の間で合意され、再就職するまでの生活費は以前に就職していた企業が、一二カ月から一八カ月と幅はありますが、保障するのです。学ぶ課題が明確なだけに、職業訓練を受ける人たちは熱心に学びます。大学も積極的に協力しています。文字通りに職業訓練が行われ、再就職が実現します。

社会保障が選択の自由の土台に

社会保障と税には所得再分配機能があります。高所得層から低所得層に所得が再分配される機能です。経済協力開発機構（ＯＥＣＤ）が二〇一五年五月二一日に発表した「格差縮小に向けて――なぜ格差縮小は皆の利益になりうるか」（In It Together : Why Less Inequality Benefits All）によると、日本における所得格差はＯＥＣＤ平均より高く、一九八〇年代中盤から拡大しています。日本では二〇〇九年には、人口の上位一〇パーセントの富裕層の平均所得は、下位一〇パーセントのそれの一〇・七倍になり、一九九〇年代中盤の八倍、一九八〇年代中盤の七倍から増加しています。二〇一三年のOECD平均は九・六倍でした。

主要国では、アメリカが一八・八倍（二〇一三年）、イギリスが一〇・五倍（二〇一二年）、フランスが七・四倍（二〇一二年）、ドイツが六・六倍（二〇一二年）、スウェーデンが六・三倍（二〇一二年）、デンマークが五・二倍（二〇一二年）でした。アメリカ、イギリス、日本が平均よりも格差が大きく、ドイツ、フランスが平均より小さく、スウェーデン、デンマークはさらに格差が小さいのです。相対的貧困率（所得が国民の「中央値」の半分に満たない人の割合）は、日本では人口の約一六パーセントであり、OECD平均の一一パーセントを上回っています（文書の五六～五七ページの統括表）。

日本の所得再分配のレベルは、大半のOECD諸国に比べて低くなっています。税と社会保障給付による、就業者の間での格差減少率は、日本が二〇〇九～二〇一〇年で一九パーセントで、アメリカと同じです。同時期のOECD平均の減少率は二六パーセントで、フランスとドイツは三〇パーセントです。日本よりも税・給付制度による再分配機能が低い国は、チリ、メキシコ、韓国（四～五パーセント）などだけです。スウェーデンやデンマーク（三〇パーセント台前半）などは、再分配機能が加盟国の中で最も高くなっています（同四八ページと日本に関する国別報告）。

したがって、現在の日本でまず問題になるのは、所得の高い層から低い層への所得再分配機能の強化です。OECDの報告書を念頭に置いてみれば、そしてすべての市民が雇用され、相応の納税能力と相応の所得を有していること、所得再分配機能が大きいことを前提にすれば、スウェーデンの社会保障政策の力点が、所得階層間の垂直的な再分配（高い層から低い層へ）から、個々の市民の生涯を通じた生活支援（水平的再分配）へと移動することは理解できます。貧富の差が実質的に小さくなれば、問題はむしろ個人の生涯における生活が安定することです。個人の生活が基本のところで支えられるということは、生涯を通じて個人の選択の自由が保障されることを意味します。

個人の選択の自由を社会保障（国や自治体を中心とする公的制度）が支える「自由選択社会」の構築が、社会民主主義の目的として掲げられるようになります。レーンたちが構想したのは次のような社会です。

「完全雇用によって人々が経済的に自立した社会の上に構築される……福祉政策の目標を、いわゆる救貧ではなく、人々の自己決定権を拡大していくことにおいた。教育、出産、老齢化など、人生において不可避のさまざまな問題に人々が主体的に対処していくことが可能になること、このことが福祉政策の課題となるのである。レーンはこうした福祉政策および積極的労働市場政策に支えられた社会を『自由選択社会』と呼ぶ」（宮本太郎『福祉国家という戦略』法律文化社、一九九九年、一二六～一二七ページ）。

自由選択社会のイメージ——家庭・学校・職場に往復可能な橋が

自由選択社会がスウェーデンにおいてすでに実現されたとはいいがたいのですが、他の先進資本主義諸国と比べてスウェーデンが、女性や障がい者、外国人、難民などの「少数者」「社会的弱者」にとって、暮らしやすい社会を築いたことは広く認められています。

次ページの図3によって自由選択社会について簡単に説明します。真ん中のIは、労働市場の中で、フルタイムで働くかパートタイムで働くかを選択できる「架橋」です。架橋とは、橋が架かっていて往

図３　自由選択社会のイメージ

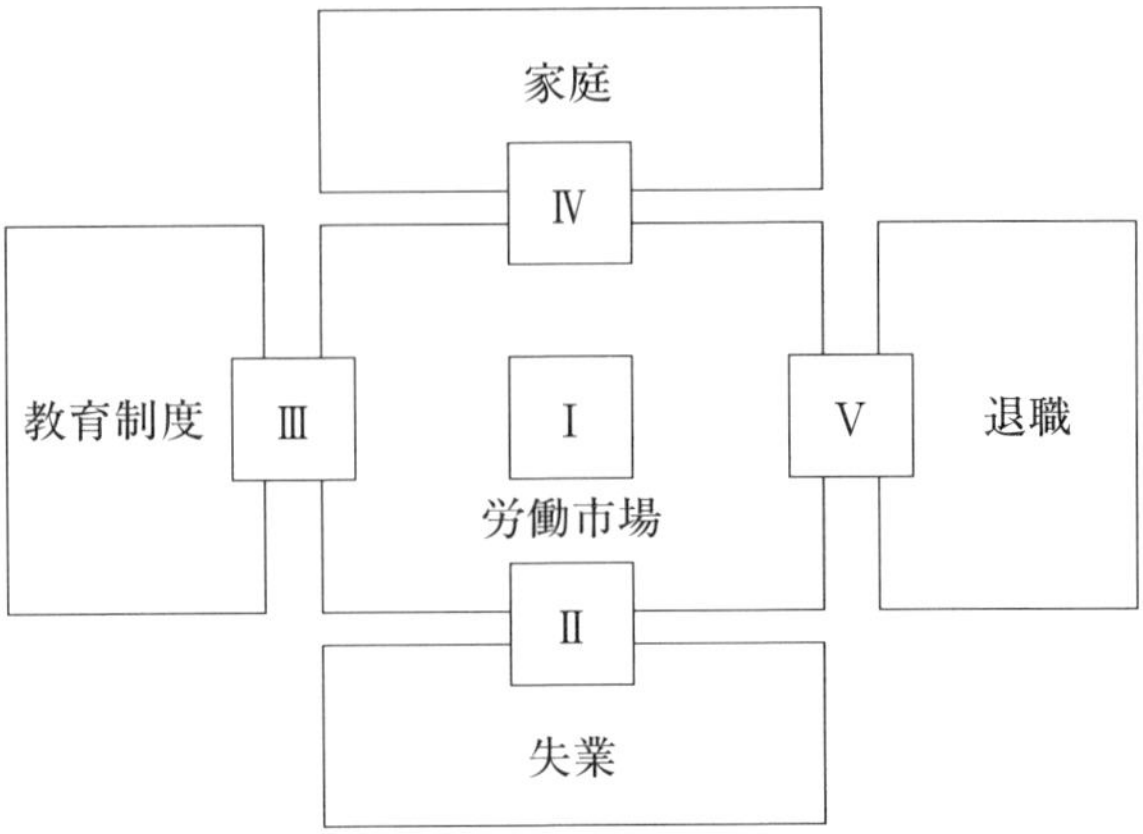

Ⅰ　フルタイムとパートタイム、労働と訓練の架橋措置
Ⅱ　雇用と失業の架橋措置
Ⅲ　雇用と教育の架橋措置
Ⅳ　雇用と家庭の架橋措置
Ⅴ　雇用と退職の架橋措置

出所：Schmid. 1995（宮本太郎前掲書、p.269）

復可能（＝選択可能）だということです。スウェーデンではフルタイムもパートタイムも「正規雇用の労働者」です。社会保険や各種の権利の面でも差別はありません。ただ個々人の事情で働く時間が選択されているのです。また、ここでの選択は、就業しながら職業訓練を受けることも含まれます。

Ⅱは雇用と失業をつなぐ架橋です。すでに積極的労働市場政策のところで紹介しましたが、失業者への再雇用支援が、制度として確立しています。

Ⅲは学校教育と職業生活をつなぐ架橋です。高卒時点でのスウェーデンの大学進学率は日本よりもかなり低くなっています。しかし、一定期間働くと、在職のまま大学で学ぶ権利が発生します。希望者は大学に通います。終了するとまた企業に戻って働きます。企業が勝手にポストをなくすことはできません。これも政府・企業・労働組合の合意事項です。

Ⅳは家庭生活と職業生活をつなぐ架橋です。子育てのために二〜三年間は家庭にいて、その後、復職するというのが典型的な例です。その他に家庭で介護に集中し、また復職するケースもあります。もちろん、保育所や高齢者住宅などなどの施設・制度は充実していますが、ポイントは母親が働き続けるという選択も可能だし、一定期間育児に専念することも可能だということです。

Ⅴは退職と職業生活をつなぐ架橋です。比較的多いのは、若い時期にボランティア活動のために退職し、また就職するケースです。この場合はいったん退職しますから、復職ではありません。再就職になります。

ⅠからⅤまでの橋は、双方向に渡ることができるのです。これが自由選択社会のイメージです。

憲法と社会保障が橋の役割を

何のために「選択」するかといえば、自分（や家族や地域の人びとや国民や世界の人びと）が幸せになるためでしょう。核心にあるのは自分の幸福でしょう。憲法は、個人の幸福追求権を中軸にしています。また、幸福に暮らすということは、平和のもとでの幸福を、しかも健康で文化的な内容の幸福を意味しているのではないでしょうか。

日本国憲法では、幸福に生きることを応援するために一三条があり、九条、二五条があるのです。社会保障は、具体的な橋の役割を果たすことができます。たとえば、図のⅣの橋は、保育制度という社会保障制度にほかなりません。職場での女親・男親双方に対する育児休暇や育児休業制度、地域での保育所整備、児童手当制度などなどは、社会保障であり、職場と家庭を結ぶ往復可能な橋なのです。

自由選択社会の一側面――個性重視社会

スウェーデン社会は個性重視社会とも言われます。「さまざまな個性が『人間としての尊厳』を失うことなくその輝きを発揮できる社会。それが理想であるといえるだろう。人びとが生きいきと生活する。そのためには、すべての人が例外なく、その個性を発揮していくことができることが前提となるだろう」(『スウェーデンにみる個性重視社会――生活のセーフティネット』、二文字理明・伊藤正純編著、桜井書店、二〇〇二年、二文字理明氏による「まえがき」、四ページ)ということです。

この問題意識から、『スウェーデンにみる個性重視社会』では、教育、子どもの暮らし、家族の多様な生活、障がい者の暮らし、高齢者の暮らし、女性の暮らしと労働、雇用のあり方、多様な文化のあり方、環境に対する向き合い方、を取り上げて、二一世紀に入ろうとする時期のスウェーデン社会の現実を描いています。自分らしく生きることができる社会と、自由選択社会と、個性重視社会とは、共通した社会の基本原理に立っている社会だと思います。自由選択社会の、より具体的なイメージを知りたい方々には、右の『スウェーデンにみる個性重視社会』を参照していただきたいと思います。

スウェーデンの学習指導要領では、義務教育の目的・基本理念を、「民主主義の価値観、すなわち生命、自由、人権、男女の平等、弱者への連帯感の尊重などを身につけさせること」(アーネ・リンドクウィスト、ヤン・ウェステル、川上邦夫訳『あなた自身の社会――スウェーデンの中学教科書』、新評論、一九九七年、一九四ページ)としています。

具体的には、「民主主義の価値観を身につけた市民の育成」を第一にあげ、「社会生活に参加し、影響を与えられる人間となるためには、国の内外の社会問題とその背景についての知識が必要であり、その知識を獲得するには、さまざまな情報源を利用でき、情報を総合し、評価し、分析し、自らの見解をもつことができなければならない」(一九七ページ)。社会科は、そのための教科であると位置づけています。

そして、成人である一八歳になることを、「一言でいえば、あなたは自分で自分の生き方を選ぶことができるのです」(同、九ページ)と説明しています。現在の世界で、社会保障が最も整備され、給付水準が高いと評価されているスウェーデンで、成人になるとは「私らしく生きる」ことができる年齢とされていることを、記憶にとどめておきましょう。私らしく生きるためには、さまざまな段階で、さまざまな選択が必要になります。そのときに、多様な選択を可能にする仕組みが社会保障なのです。

第3章　社会保障政策は戦後史の中でこう変わってきた

1　憲法を生かした実績とそこからの転換

「自助」と「社会的扶養」の対抗

日本の社会保障の中心になっている社会保険は、被保険者たちの保険料拠出による共同「自助」的な「保険」負担と、被用者保険の場合は使用者の保険料負担と国・自治体の費用負担とを合わせた「社会的扶養」とを総合して、被保険者に各種事故の時の保障を行うものです。

労働者・被保険者本人の保険料負担による「自助」的な要素と、使用者及び国家の費用負担による「社会的扶養」要素の組み合わせは、社会的、歴史的に形成され、国によっても、時代によっても異なります。社会保険以外の公的扶助や各種助成金は、中央・地方の政府が賄うという意味で、社会的扶養です（工藤恒夫『資本制社会保障の一般理論』、新日本出版社、二〇〇三年、第6章「社会保障の制度化原則と財政面の改革」、第7章「社会保障『財政』のあり方」参照。および相澤與一『社会保障の基本問題――「自助」と社会的保障』未来社、一九九一年、三九ページ参照）。

社会保障の具体的なあり方は、基本的には、自助的原理と社会的扶養原理が、どのような状態なのかによって規定され、それは、生存権をめぐる社会運動の力量によっても規定されます。このことを前提として、戦後の社会保障を概観します。

「五〇年勧告」――憲法に立脚した社会保障の原則

一九四八年に首相の諮問機関として設置された社会保障制度審議会が、一九五〇年一〇月一六日に「社会保障制度に関する勧告」（五〇年勧告）を吉田茂首相（当時）に提出しました。「勧告」では、冒頭で「日本国憲法第二五条は、(1)『すべて国民は健康で文化的な最低限度の生活を営む権利を有する。』(2)『国は、すべての生活部面について社会福祉、社会保障および公衆衛生の向上及び増進に努めなければならない。』と、規定している。これは国民には生存権があり、国家には生活保障の義務があるという意である」と、明快に国民の権利と国家の責任を記述しています。また、社会保障制度とは「すべての国民が文化的社会の成員たるに値する生活を営むことができるようにすること」とも述べています。

一九五五年以降の高度経済成長期前半を移行期としつつ、一九六〇年代半ば以降は「企業国家」が日本の主たる国家の顔になりました。「日本型雇用慣行」や「日本型賃金体系」が、これに対応します。男性を一家の働き手の支柱とし（男性片働き）、年功序列制度と終身雇用制度に基づく賃金体系と、開発型の公共事業投資と大企業中心の経済財政政策のもとで、ヨーロッパの先進諸国でとられた道とは異なる方向に進みました。社会保障の企業負担を重視する社会的扶養の道ではなく、個人と家族の自己負担・自己責任を強調し、近隣・地域社会などの互助（自助の延長）を強調し、労働者が企業に依存する仕組みをつくりました。

六二年勧告・答申――公費投入を強調

国民皆保険を達成した一九六一年の翌年に出された社会保障制度審議会「社会保障制度の総合調整に関する基本方針についての答申および社会保障制度の推進に関する勧告」（六二年答申・勧告）は、政策対象を「貧困階層」「低所得階層」「一般所得階層」に分け、所得の低い階層ほど社会保険が機能しにくいので、より多く公費を投入し、また社会福祉を併用すべきことを強調しました。社会保障の基本にかかわる重要な諸提言を行ったものです。

「臨調・行革」以来、歴代政府が社会保障・社会福祉「構造改革」を唱え、社会保険中心主義の拡張（特に保険料が給付内容を定めるという「保険主義」の強調）と、公費負担削減＝営利企業化・市場化をセットにして、社会保障・社会福祉の改悪を推進してきたことからしても、一九六二年答申・勧告の社会保険と公費負担を総合的に行うべきという見解は、あらためて重視すべきです。

さらに、「できる限り保険料と給付との比例関係を排し、保険料は能力に、給付は必要に応ずる方向に進むべきである」と提言し、保険主義の考え方を、社会保険から弱める方向を示しました（相澤與一、『医療費窓口負担と後期高齢者医療制度の全廃――医療保障のルネッサンス』、創風社、二〇一〇年、一一二ページ参照。同書は、戦後日本の医療政策の展開を俯瞰するのに好適です）。

なお、「老人医療費」の一九七三年から八二年までの「無料化」は、社会保険における自己負担分を公費支給として補塡《ほてん》したもので、六二年答申・勧告の路線に沿うものでした。

「臨調・行革」――現在につながる攻撃

一九八〇年の「社公合意」によって、「共産党を除く政治」という枠組みをつくった自民党は、一九八一年に第二次臨時行政調査会（第二臨調）を設置し、その答申に基づいて三次にわたる臨時行政改革推進審議会を通じて、いわゆる「臨調・行革」を進めました。これは、オイルショック以来の財政危機のもとで、大企業の利益を擁護し、日米軍事体制のもとで、軍備拡張をすすめるために、「戦後政治の総決算」（中曽根元首相）を合言葉にすすめられた日本の社会保障を含む行財政の反動的再編成です。それまでに築かれていた、老人医療自己負担無料化や、健康保険本人一〇割給付などを、一挙に覆そうとしたものです。

いわば「臨調・行革」段階の社会保障の考え方を示したのが、社会保障制度審議会の「社会保障の将来展望について（提言）」（一九八二年七月二三日）です。ここでは、「すなわち社会保障とは、個人の自助を前提とした上で国民の連帯による相互扶助を組織化して社会の安定を図るものである」という定義を出しました。費用の負担については、「社会保障は、国民自らが租税と社会保険料負担により維持するもの」としたのです。特に医療保障については、「自分の健康は自分で守るという心構えが基本」として、健康の自己責任論を掲げました。五〇年勧告や六二年勧告・答申から大きく後退した内容です。

上記の「提言」を具体化したのが「老人保健法」（一九八二年）です。これは、それまで公費負担だった高齢者の医療費を社会保険に転換し患者負担を導入するものでしたが、それは同時に、社会保障政策と医療保険政策の大転換をなすものです。厚生官僚として当事者でもあった吉原健二氏たちは、『日本医療制度史』（吉原健二・和田勝著、東洋経済新報社、一九九九年）で、「ひたすら適用の拡大、給付の改善、患者負担の軽減を図ってきたわが国の社会保障政策、医療保健政策を大きく転換するもの」（三一三ページ）であったと書いています。

「老人保健法」の「基本的理念」は、「国民は、自助と連帯の精神に基づき、自ら加齢に伴って生ずる心身の変化を自覚して常に健康の保持増進に努めるとともに、老人の医療に要する費用は公平に負担するものとする」というものです。自助原則と若い世代との公平な医療費用負担（応益負担）が課せられました。

一九八三年「今後の医療政策～視点と方向」（林メモ）

現在の医療・介護改悪は、「臨調行革」以後の生活・健康・自己責任論を基調にした政策の流れのなかに位置づけられるものです。第二次臨時行政調査会の社会保障制度改悪方針に本格的に応える政策構想が、一九八三年の「今後の医療政策～視点と方向」（林義郎厚生大臣。林メモともいう）でした。これは、医療政策を医療費（保険給付費）削減の視点と、営利的産業政策の視点から検討し、政府・財界からの対策案を提示したものです。そのなかでは、今後の医療政策の視点を五点にわたって提起していますが、それは、その後歴代政権の社会保障政策に直接に結びつくものでした。

特記すべきは、憲法二五条とは異質な社会保障観を提示したことです。「社会保障は、個人の自助を前提としつつ、国民の連帯による相互扶助を組織して、社会の安定をはかるもの」としたのです。この規定は一九九五年の社会保障制度審議会答申にも引き継がれ、「生活・健康・疾病自己責任論」と相互扶助論は、政府・与党・大企業の「社会保障論」の骨格をなしています。以下にこの林メモの五つの視点についてみてみましょう。

第一の視点。健康維持・疾病予防を自己責任とし、これを医療政策の基調に据えたことです。自己責任論は、国民の健康に国（自治体）が公的責任を持たないという意志表示でした。その後、今日に至るまで、保健・医療（福祉）政策における自己責任論が、政策思想の中核をなしています。

第二の視点の「医療標準概念」の導入も新しい点です。つまり、自己責任を制度的に明確にするために、社会保険からの給付は、標準的サービスに限定するものだという視点です。この視点は、すでに一九八三年に実施された老人医療制度に導入されています。一般的に、社会保険給付だけでは必要が充足されないことになったのです。

老人保健法では、老人にかかる診療報酬を別立てとし，例えば、入院期間が国のきめた標準期間（当時は三カ月）を超過すると、病状に関係なく入院医学管理料をカットしたり、点滴療法の薬剤費は一日五〇〇ccまでとするなど、低い水準の医療を標準としました。直近では、標準以上の自費医療を拡大する「患者中出療養制度」にも、この視点が登場しています。

この視点との関連では、介護保険制度は、当初から「国がきめた標準介護」のみを提供する保険としてつくられ、これは二〇一四年の「医療・介護推進総合法」、そして二〇一五年の「医療保険関連法」として、保健・医療・介護全体へ拡大されつつあります。この視点の当然の帰結として、通産官僚出身の林義郎厚生大臣は、通産政策として医療政策を提起しました（就任の記者会見でも明言）。標準以外のサービスは営利企業に委ねるという構想です。

第三の視点。包括的・有機的医療提供体制の整備。これは、医療法改定によって、必要病床数を医療圏ごとに設定させ、公的サービス提供体制を圧縮するものでした。保険給付費の削減に道を開くものです。二〇一四年の「医療介護推進総合法」や二〇一五年の「医療保険関連法」によって、都道府県に「医療ビジョン」という名の病床削減計画を策定させ、公的保険給付費の削減を促進させています。

第四の視点。適正かつ効率的な医療提供体制の整備。病院を機能別に分類し、高度医療から慢性医療、さらには在宅医療へと類型化することによって、「無駄を省き」保険給付費の削減を図るというものです。二〇一四年以降の「改悪」で、この視点が強く打ち出されています。また、保険者機能の強化による保険財政健全化という路線も、この視点に含まれ、現在も引き継がれています。

第五の視点。社会的公平に立脚する医療保険制度の実現。当初は、医療機関の「不正請求」の取り締まりの強化が念頭に置かれていましたが、最近では、健康維持に取り組む個人や健保組合などの保険者を、「熱心でない」個人・保険者と「不公平」にならないように優遇する、という形で出ています。この視点の究極の形態が、ビッグデータを活用した「データヘルス計画」です。

一九八四年「健康保険法改革」――応益負担的一部負担導入

一九八四年に、老健法による高齢者負担の存在を理由として、現役労働者の公的医療保険（健康保険法や国家公務員共済保険法や地方公務員共済保険法など）による診療の一割自己負担が導入されました。高齢者と現役労働者の対立を組織しつつ実施されたのです。

老人医療が無料だった時期には、現役労働者の健保本人は一〇割給付（原則無料）でした。老人医療の有料化が一九八三年に始まり、「高齢者でさえも医療費の一定の負担をしているのに、経済的に余裕のある現役労働者が一〇割給付というのはいかがなものか」という論法が出てきたのです。一九八四年に健保本人は九割給付になりました（現在は七割給付）。

一九八四年の「健康保険法」大「改革」の決定的な意味は、それまであった、医療に関わる全ての公的保険が一〇割給付到達を目指すという政策戦略が放棄されて、「応益負担」的な一部負担が導入されたことです。これは、給付抑制・受診制限への原理的な大転換でした。また、高齢者と現役世代を対立させ、順次、双方の制度改悪を進めるという手口は、その後も、医療や年金で繰り返し持ち出されました。

厚生省の原案には、国民皆保険の廃止につながる高額所得者の適用除外まで盛り込まれていました。これは導入は見送られましたが、いずれにせよこの改悪がその後の給付削減や負担増の連続の呼び水となったことは明らかです。

個人と家族と企業に頼る日本型福祉社会論

以上にみてきた、一九八〇年代からの政府・財界の社会保障戦略は、しばしば「日本型福祉社会論」という論法で正当化されました。

「日本型福祉社会」は、西欧の「福祉国家」が、国民の生活に対する国家責任を柱としていたのに対し、日本では企業と家族が福祉分野で大きな役割を果たすのが独自なところであり、重要な意味を持つと主張したのです。つまり、国民・労働者の生活と社会保障に対する政府の責任を軽減し、その分を個人、家族、地域、とりわけ企業に委ねる戦略を打ち出しました。

政府が公式に「日本型福祉社会」を唱えたのは、一九七九年の『新経済社会七カ年計画』(一九七九年八月一〇日閣議決定)です。ここでは、自助・互助が強調されました。次のように述べています。「個人の自助努力と家庭や近隣、地域社会等の連帯を基礎としつつ、効率の良い政府が適正な公的福祉を重点的に保障するという自由経済社会のもつ創造的活力を原動力とした我が国独自の道を選択創出する、いわば日本型ともいうべき新しい福祉社会の実現を目指す」。

続いて、自由民主党全国組織委員会国民生活局が編集した『日本型福祉社会の構想』が一九八二年五月に出ました。文字通りに「日本型福祉社会の構想」を題名にした本であるので、簡単にでもこの本を紹介しておきます。

『日本型福祉社会の構想』は、自己責任+家族+近隣+企業を柱とし、政府の責任を免除した特異な「日本型無福祉国家」を詳細に語ったものです。「日本社会は、次のような特質を有していますが、これらは各個人、各家庭、各職場における自立自助の努力が、いかに真剣に追求されているかを示しているものともいえましょう。①貯蓄率、生命保険加入率が世界一高いこと。②企業組織における職場の人間関係が、家族的性格を強く持っていること。③老親と子ども世帯の同居率が著しく高く、家庭が最も大切なものと思われていること」(同書、三七五ページ)という主張が骨格をなしています。

現実はどうだったか

①の貯蓄については、一九八〇年代半ばまで日本の家計貯蓄率はスイスと並ぶ世界のトップクラスでした。しかしこれは、社会保障の不備を自分で防衛するために貯蓄せざるを得なかったと見るべきでし

表１　世帯構成の変化（国立社会保障・人口問題研究所、2013年１月18日）

	単独	夫婦	夫婦と子	一人親と子	他
1980年	19.8	12.5	42.1	5.7	19.9
2010年	32.4	19.8	27.9	8.7	11.1
2035年	37.2	21.2	23.3	11.4	6.9

ょう。その後、貯蓄の面からいえば、政府が社会保障をやらないから、やむを得ず貯蓄をした段階から、社会保障をやらないので、貯蓄を取り崩すか、そもそも低賃金・低所得のために貯蓄ができない、という段階になっています。一九九五年には七・九パーセントしかなかった「貯蓄なし世帯」が、二〇一〇年には二二・三パーセントに上昇しています。

②の「企業組織における職場の人間関係が、家族的性格を強く持っていること」は、企業が社会保障の肩代わりをし、労働者が家族を含めて自らの生涯を企業に委ねることを意味します。しかし、一九九〇年代半ばから、企業の雇用政策が激変するなかで、企業は労働者の生活に責任を持たず、専ら株主への配当を短期に高めることを、経営の最重点としています。

③の「老親と子ども世帯の同居率が著しく高く、家庭が最も大切なものと思われていること」は、社会保障のあり方として誇るべきことでしょうか。個々人の独立と平等が重視され、自分の進路を自分で決めることが当たり前の社会では（例えばスウェーデンなど）、夫婦が老親および高卒後の子どもと同居するのは珍しいことです。しかしながら、公的制度によって、夫婦を単位とした世帯が、安心して暮らしていけるようにしています。その上で、比較的頻繁に子どもや老親と会うという生活スタイルを築いています。

『日本型福祉社会の構想』が大家族を誇るのは時代錯誤であり、特に女性を犠牲にして、児童福祉をサボり、高齢者福祉をサボる、自民党の姿勢が問われるべきです。日本の現実の家族形態（前ページの表1）を見ると、家族との同居率は低下しつづけ、核家族、夫婦世帯、一人暮らし世帯、が増えています。

二〇一〇年では、単独世帯が三割を超えて、最も多い世帯になっています。単独世帯と夫婦世帯だけの世帯を合わせると五割を超えます。従来の制度設計の基本家族は夫婦と子（四人家族）でしたが、こうした世帯構成の変化は、各種医療・福祉制度の設計を根本から変えることを求めています。

2 グローバル化の中で「無責任戦略」へ

企業の社会保障からの撤退

「臨調・行革」が進行する中で、一九八五年九月にニューヨークのプラザホテルで先進五カ国蔵相・中央銀行総裁会議が開催されました。アメリカの対外貿易不均衡解消を名目とした協調介入についての合意がなされました（プラザ合意）。この合意は、アメリカの対日貿易赤字の是正を狙い、円高ドル安をもたらすものでした。翌日には円は約二〇円上昇、一年後にはほぼ半減し、一二〇円台で取り引きされるようになりました。

日本はこの円高によって輸出産業が大打撃を受け、円高不況に陥ることになりました。特に中小零細輸出企業が深刻な状態になり、多くの業者が自殺に追い込まれ、戦後自殺の第二のピークをつくりました。ちなみに第三のピークが、一九九八年以降現在に続くものです。

プラザ合意は、輸出に軸足を置くわが国の大企業に、製造・営業拠点の国際化をもたらしました。いわゆる経済のグローバル化です。国内においては、総賃金の抑制と下請け単価の切り下げを中心とする、労働者・中小業者への厳しい攻撃をもたらしました。「グローバル化」という新たな条件下での利潤確保体制を築くために、財界主流は日本社会の大改造（「構造改革」）に乗り出しました。そして今度は、企業が雇用にも責任を負わず、社会保障にも責任を負わない、無責任戦略を打ち出したのです。この転機が、次に述べる一九九四年の舞浜会議です。

株主資本主義への大転換――端緒となった「舞浜会議」

一九九四年二月二五日、千葉県浦安市舞浜の「ヒルトン東京ベイ」ホテルに、経済同友会の主要メンバー一四人が集結し、バブル経済破綻《はたん》後の不況に対応する、これからの企業経営のあり方を、泊まりがけで議論しました。「私的な会合で議事録は見あたらない」（経済同友会）とされています（北海道新聞二〇一六年九月五日付）が、出席者のインタビューや新聞での発言から、議論の概要はわかります。それは「今井・宮内論争」として伝えられています。

宮内義彦氏（当時オリックス社長）は、「企業は株主にどれだけ報いるかだ」、「雇用や国のあり方まで経営者が考える必要はない」、「我々は効率よく富を作ることに徹すればいい」などと発言しました。明らかに「株主資本主義」を主張したのです。

これに対して今井敬氏（新日本製鐵社長）は「それはあなた国賊だ」、「一番重要なのは従業員の処遇だ」、「終身雇用を改めるなら経営者が責任とって辞めたあとだ」などと反論したのです。この論争は「国賊側」の勝利で決着しました。「国賊側」の経済思想が新自由主義です。

勝ち組の牛尾治朗（ウシオ電機会長、経済同友会終身顧問）が主導して、三年後に「市場主義宣言」（経済同友会）を発表しました。宮内義彦氏は、「牛尾治朗ウシオ電機会長が提唱された『市場主義宣言』には強く共鳴した」（「私の履歴書」日本経済新聞二〇一三年九月二五日付）と書いています。新自由主義の立場に立つ財界人の「バイブル」的存在が、経済同友会の「市場主義宣言――二一世紀へのアクション・プログラム」（一九九七年一月九日）といえます。

（資本家階級の間で、今後の経済・経営戦略に関して、「階級意志」が形成されたという論点については、拙稿「社会保障構造改革二〇年の展開過程とその結末――社会保障をめぐる階級意識とたたかい」（『経済』二〇一七年一月号）を参照してください。）

政府・財界による社会保障理念の変質

社会保障の理念・原則の面で、一九九〇年代半ばからの「構造改革」に対応するのが一九九四年三月に閣議報告された「二一世紀福祉ビジョン――少子・高齢社会にむけて」です。これは前年一〇月に発足した「高齢社会福祉ビジョン懇談会」の報告書です。ここでは、社会保障の原則に関わる以下の論点が提示されました。

社会保障の大原則として個人の自立を置いた上で、「自助、共助、公助」の重層的なシステムの構築を提唱しました。すでに「日本型福祉社会論」においても、自己責任＋家族＋近隣＋企業を主たる社会保障の担い手とし、「公助＝政府」はなるべく出ないで済む、安上がりのシステムを構想していましたが、今度は、こういう構想が、ほかならぬ社会保障・社会福祉に関わる厚生労働省の文書に、堂々と登場したのです。

個別的には、①多様なサービス提供機関の健全な競争により、質の高いサービスが提供されるようなシステムが強調されました。利用者が自由に提供業者を選択してなされる「契約」が、このシステムの基軸をなすといい、現行の介護保険や新保育システムに引き継がれています。

②国民全体の公平な負担が強調されました。これは、一つは誰でも消費のたびに「公平に負担する」という理屈で、消費税を持ち出す考え方であり、もう一つは世代間対立をあおり、高齢者により大きな負担を強いる方向であり、また、施設・在宅を通じての費用負担公平化という切り口から、施設での負担を重くし、在宅への誘導がなされる方向です。この方向は、二〇一三年の「社会保障制度改革推進国民会議」報告でも踏襲されています。

「新時代の『日本的経営』」と社会保障

一九九五年五月、日本経営者団体連盟（日経連、二〇〇二年に経済団体連合会と合併して日本経済団体連合会になった）は「新時代の『日本的経営』」という経営戦略を発表、日本型経営から株主利益重視のアメリカ型経営への転換を図る戦略を打ち出しました。すでにみたように一九八〇年代後半から、輸出に軸足を置くわが国の大企業主流は、製造・営業拠点の国際化を展開していました。これに対応して国内においては、総賃金の抑制と下請け単価の切り下げが進められましたが、「新時代の『日本的経営』」はまさにそのための方針文書だったといえるでしょう。

「新時代の『日本的経営』」は、従来の雇用政策を大転換しました。幹部社員を想定した「長期蓄積能力活用型グループ」は全体の三分の一以下でよく、特殊な能力のある技術者などの「高度専門能力活用型グループ」は年俸制、任期雇用で使えばよく、最後の「雇用柔軟型グループ」は全体の過半数を占めるものとされ、定型的業務を中心とし、派遣や下請けで対応するという構想でした。企業は年俸制の労働者や派遣・下請労働者の社会保険を負担する必要はない、というものです。この方針が実施され始めて二〇年余りになりますが、その戦略の底にあるのは、不安定雇用を常態化することであり、人減らしです。これにしたがって、リストラが先行し、賃金は低下し、下請け・孫請け企業への単価切り下げや融資中断が横行し、倒産は急増し、シャッター通りが日本中に広がったのです。多くのホームレスを産み出し、自殺者が増加しました。

幹部社員を想定した「長期蓄積能力活用型グループ」(三分の一程度)以外の労働者に対しては、企業は社会保障の責任を持たないという方針も広がりました。第二、第三のグループは、医療でいえば「国民健康保険」に加入します。国保の保険料(税)が非常に高いことは周知の通りです。このルートから無保険者(国保資格証明書や短期保険証を発行された人)が発生し、受診を阻まれています。また、無年金・低年金者へのルートにもなっています。

一九八〇年代に、財界は自民党と共に「日本型福祉社会」などという、国民・労働者の生活と社会保障に対する政府の責任を軽減し、その分を個人、家族、地域、とりわけ企業に委ねる戦略を打ち出しましたが、今度は企業が雇用にも責任を負わず、社会保障にも責任を負わない、無責任戦略を持ち出したのです。

「新時代の『日本的経営』」を現在の位置から整理すれば、労働者を、①少数の基幹労働者（正社員）、②「専門部門」を担う有期雇用者、③圧倒的多数の非正規労働者の三つのグループに分けて、総額人件費を徹底的に削減することを狙いとしたことがわかります。つまり、売り上げが伸びなくても利益だけは確保するというまことに身勝手な戦略です。この戦略にそって、雇用制度が改悪され、社会保障制度も改悪されたのです。

社会保障制度審議会「一九九五年勧告」――二五条からの変質

「新時代の『日本的経営』」が、終身雇用と年功賃金を基本とする従来の政策を転換して、企業の社会保障からの撤退姿勢を明確にしたのに呼応して、一九九五年には社会保障のあり方を大きく転換した社会保障制度審議会の「九五年勧告」が出されました。

一九五〇年の社会保障制度審議会勧告（五〇年勧告）における定義は、憲法第二五条に対応したものでしたが、一九九五年七月の「社会保障体制の再構築に関する勧告――安心して暮らせる二一世紀の社会を目指して」は、「従来、育児や介護、老親扶養などの家庭機能が、一般的には家族や親族、身近な地域社会の助け合い（相互扶助）で支えられてきたことをみれば、社会保障はこうした私的な相互扶助の社会化ということができる」という、「五〇年勧告」から大幅に公的責任を後退させ、家族や地域の互助に傾いた定義を採用したのです。これは、社会保障を「みんなで支える、みんなのための、助け合い制度」と見なして、憲法二五条を事実上、形骸化したものです。

財界の社会保障方針――自己責任・市場主義

現在の日本財界の社会保障および社会保障負担に関する考え方は、一九九七年の経済同友会「市場主義宣言」でスケッチされています。

ここでは、「市場に委ねるべき問題と市場では解決できない問題を峻別《しゅんべつ》し、個人、企業、政府の役割分担を再確認する」ことが出発点とされています。社会保障については「公的保障の役割をナショナル・ミニマムに限定し、社会保障の分野にも市場原理を導入する」ことが謳《うた》われています。要するに、社会保障は生きていく上での最小限にとどめよ、しかも社会保障分野を営利の場としなさい、と主張しているのです。

経済同友会「市場主義宣言」を具体化したのが、同じく経済同友会が二〇〇一年一月に発表した「『自律国家』と『国民負担率三〇％の小さな政府』――二一世紀の若者たちに活力ある経済社会を残すために」(「自律国家構想」と略す）です。

この「自律国家構想」が目指しているのは、端的にいえば「憲法から市場へ」です。市場に委ねるとは、基本的には、営利的な売買に委ねるということです。経済同友会は次のような国家像を示しています。

「自律国家という新しい概念に基づく小さな政府」を日本は目指すべきであり、それは国民の自助努力と自己責任を前提とする自律ある国民によって構成される「自律国家」であるとされます。「自律国家」では、「生産は市場に委ね、再分配とは峻別」します。「生産」とは「市場メカニズムを活用できるあらゆる財・サービスの生産を意味する概念であり、農業、製造業、サービス業から教育、医療に至るまで」であり、これらは市場メカニズムに委ねる分野とされるのです。

分配、再分配とは、端的には、税を使って行政がやる仕事であり、「再分配に関わる政策判断は政治に委ね」、官僚は政策判断に口を出さない。行政は政治が決めた再分配の政策を執行するだけだというのです。ここで「再分配」とは、「市場メカニズムを通じた資源配分に委ねることのできない行政サービスを意味」し、「国防、外交、司法、徴税、公共事業、公的扶助」などを含みます。

社会保障領域で「再分配」に入るもの、つまり行政サービス、行政の責任においてなされる分野は、公的扶助だけという、およそ世界に類のない社会保障論です。原理的に公的扶助以外の諸領域は市場に委ねられるべきであるという主張なのです。

さらに「再分配」の原則として、「日本の尺度で測った最低限度の生活水準」が「ナショナル・ミニマム」だと主張します。これは明らかに誤りであり、「ナショナル・ミニマム」は、生理的に最低限度の生活水準という意味ではありません。日本国憲法二五条が定めているような「健康で文化的な国民生活」という意味でのミニマムを保障するのが、政府の責任です。それを投げ捨てて、〝政府が責任を負うのはギリギリの生理的生存ラインであり、それ以上は市場に委ねる〟というのが、経済同友会の国家構想です。一九世紀以前のイギリスの「救貧法」時代と同様の、生理的生存限度の生活水準を保障することだけが「再分配」で行う仕事であり、それ以上の所得再分配を国民は求めてはならず、最低以上の部分は自助努力に委ねるという主張です。

労働者が社会保険料を全額負担せよ（奥田ビジョン）

日本経済団体連合会（日本経団連）は二〇〇二年五月に、経済団体連合会（経団連）と日本経営者団体連盟（日経連）が合併してできました。日本経団連の最初の基本的文書が二〇〇三年一月の「活力と魅力溢《あふ》れる日本をめざして――日本経済団体連合会新ビジョン」（「奥田ビジョン」と略称）です。ここでも、明確に社会保障を否定しています。

「社会保障制度でカバーするリスクは、働き方の選択にかかわらず、個々人に均しく生じるものであり、それを社会全体で分かち合う仕組みになっている以上、企業のガバナンスが働く余地はきわめて少ない」とし、現在の社会保障の原則である普遍性を攻撃します。普遍性原理に基づいて、企業と関係のない社会的事故にも社会全体で対応する社会保障制度は、企業の思惑で動かすことができない（企業のガバナンスが働かない）から、邪魔だというのです。わかりやすくいえば、企業が勝手に仕切れる「社会保障特区」を望んでいるのです。

また、「働き方によって負担の仕方が変わることは、個人の選択を歪めかねない。したがって今後は、個人の働き方に中立的な保険料賦課方法とすることが望ましい。たとえば、企業の従業員についても、自営業者と同様、保険料は全額本人が負担する方法に改めることが考えられる」と、企業負担なしの「社会」保険をあけすけに語っています。

全額本人負担の「社会保険」などは、社会保険ではなく私的保険にほかならないのです。ともあれ、財界は九四年の舞浜会議からアメリカ的経営（短期に株主への配当を極大化する）に急速に傾斜しつつ、財界は

「税と社会保障の一体改革」を積極的に唱えるようになったのです。

カネを出さず、儲けを手に入れる

日本経団連や経済同友会の社会保障観を示す文書から読み取れるのは、社会保障の原則に対する無知と無視です。

それは国際的方向性にも逆行します。医療に関する話ですが、二〇一二年一二月一二日の国連総会で、「支払い可能で利用可能な質のよい保健医療サービスの提供を各国政府に強く求める」決議を採択しました。いつでも、どこでも、だれでも、お金の心配なく医療を受けられるように、という趣旨です。こうした世界の流れにも逆行する、異様な医療政策・社会保障政策を掲げているのが財界であり、安倍政権なのです。

政府・財界の社会保障に対する基本的姿勢は、「カネを出さず、企業が儲《もう》けを手に入れる」というものです。このような社会保障に対する基本的方向は、資本主義経済の運動法則、とりわけ「利潤率の傾向的低下」に対する資本の対抗策に由来します。※

※この論点については、「社会保障改悪の現段階——営利性強化がきわだつ安倍政権」（『月刊全労連』二〇一五年一一月号）を参照して下さい。本章全体に関わる詳細な議論は、拙著『憲法を生かす社会保障へ』（新日本出版社、二〇一三年）を参照して下さい。

第4章　安倍政権が進める違憲の「社会保障政策」

「戦後レジームからの脱却」が目的

社会保障を含めた安倍政権の全体的方針は、「戦後レジームからの脱却」と総称されており、二〇〇六年の第一次安倍政権以来変わっていません。「私は平成一九年一月の内閣総理大臣施政方針演説で『戦後レジーム』からの脱却を宣言しました。憲法を頂点とした行政システム、教育、経済、雇用、国と地方の関係、外交・安全保障などの基本的枠組みの多くが、二一世紀の時代の大きな変化についていけなくなっていることは、もはや明らかです。戦後レジームからの脱却を成し遂げるためには憲法改正が不可欠です」（首相ホームページ、二〇一五年八月二九日最終閲覧）。

安倍晋三『新しい国へ　美しい国へ　完全版』では「『戦後レジームからの脱却』が日本にとって最大のテーマであることは、私が前回総理を務めていた五年前と何も変わっていないのです」（文藝春秋、二〇一三年、二五四ページ）と同様のことを書いています。

安倍首相が忌み嫌う戦後レジームの中心的内容は、「憲法を頂点とした基本的枠組み」、つまり憲法によって戦後新たに規定された、主権在民、恒久的平和主義、生存権を基軸とする基本的人権の保障、地方自治、議会制民主主義、男女平等などです。これらが、社会保障の根幹をなす規定であり、また、「私らしく生きる」のを支える根本的な規定であることはいうまでもありません。

憲法を各分野で守ることが共闘発展の基盤に

社会保障とならんで、主権在民も平和主義も地方分権も議会制民主主義も男女平等も、安倍政権にとっては否定すべきもの、攻撃すべきものなのです。現在の安倍政権による社会保障攻撃は、憲法の全面的否定という共通水路を通じて、上記の民主的諸権利に対する攻撃と共通しているのです。各分野、各地方で、主義や党派を超え、反原発、反貧困、反TPPなどの一致点で国民の暮らしや権利を守る市民運動、いわゆる「一点共闘」が巻き起こっていますが、安倍政権の政策にこそ、こうした「一点共闘」が広がる客観的理由があります。そして、そうした「一点共闘」が憲法を守る（とりわけ個人の尊厳を尊重する）ことを軸にした「全面共闘」に発展する必然的根拠があるのです。

1　自民党改憲草案が社会保障改悪の起点に──「改憲草案」と社会保障

二〇一二年四月二七日につくられた自民党の日本国憲法改正草案（以下、「改憲草案」）は平和的生存権を含む現行の前文を全て削除しました。現行前文では、「われらは、全世界の国民が、ひとしく恐怖と欠乏から免かれ、平和のうちに生存する権利を有することを確認する」としています。前文のこの部分は、第二五条をはじめとする生存権規定を導くものです。「改憲草案」では現行前文を全て削除し、復古的な内容に変更しました。

「改憲草案」には、新たに「日本国は、長い歴史と固有の文化を持ち、国民統合の象徴である天皇を戴《いただ》く国家」という規定を前文冒頭に置いています。また、「家族や社会全体が互いに助け合って国家を形成する」と規定しています。『自由民主党改憲草案Q＆A』（自由民主党憲法改正推進本部、二〇一二年一〇月発行。以下『Q＆A』）では、「国民は国と郷土を自ら守り、家族や社会が助け合って国家を形成する自助、共助の精神をうたいました」（五ページ）と解説しています。この国家主義や家族観は、後述するように「社会保障制度改革推進法」（二〇一二年）に現れた社会保障に関する復古的理念と同じものであり、平和的生存権を否定するものです。

「改憲草案」は、第二四条に一項を新たに設け、「家族は、社会の自然かつ基礎的な単位として、尊重される。家族は、互いに助け合わなければならない」と規定しました。国家主義と家族主義の強調です。現行憲法が明示しているように、社会の単位が個人だという近代的憲法観ではなく、家族を単位として国家が成り立つという、大日本帝国憲法的な歴史的逆転思考に立脚しています。

社会保障との関係では、「改憲草案」は、個人の責任と家族の助け合いで生活を営めという立場を鮮明にしています。自助努力、互助努力の強調です。改憲草案では国民の批判を恐れて、第二五条については一部の文言を平易にしているだけです。しかし第二四条で家族が国の単位、生きる単位とし、家族は仲良く助け合って生きろとまで書いていることと、前文とを合わせると、「自助努力、家族の助け合いを中心に生きていけ」ということになります。日本国憲法第二五条に規定されている、社会保障などの増進に努めなければならないという国の責任は、なくなっています。

「改憲草案」が示す社会保障像——基本的人権を「与えられる権利」に変える

自民党の「改憲草案」では、生存権を含む基本的人権を、自然権として捉えるのではなく、国民の自由や権利の全体に「責任や義務が伴う」として、権力者の都合でいかようにも制限できるものにしようとしています。「自然権」や「天賦人権」の考えに基づいて定めた憲法「第三章　国民の権利及び義務」について、『Q＆A』は、「天賦人権説に基づく規定振りを全面的に見直しました」と書いています。

近代的憲法の前提でもある「自然権」としての基本的人権という立場を「見直している」（＝放棄している）のですから、必然的に前近代的・封建的な立場しか残りません。国家・権力が国民に制限された人権を与えるという立場しか残りません。しかし日本国憲法に保障された基本的人権こそ、「人類の多年にわたる自由獲得の努力の成果」（第九七条）であり、国際社会にも通用する「普遍的原理」なのです。

「改憲草案」は、国民の自由や権利の全体を権力者に都合がよいように制限した上に、個別的にも、結社の自由では「公益及び公の秩序を害することを目的とした活動を行い、並びにそれを目的として結社をすることは、認められない」とし（第二一条）、公務員についても「全体の奉仕者であることに鑑《かんが》み」労働基本権を制限できる（第二八条）などと、支配層が敵視する国民の権利については、具体的な制限を明記しています。

前文、二四条——自助・互助を強調

あらためて、「改憲草案」が国民の生存権と国の責任を否定していることを確認します。

第二四条では、新たに第一項を起こし、「家族は、社会の自然かつ基礎的な単位として、尊重される。家族は、互いに助け合わなければならない」と規定しています。個人を基礎単位とする近代社会の価値観を否定するという大問題をはらんでいますが、社会保障との関係では、家族が自助・共助の「自然かつ基礎的な単位」として作動する危険性が高いことが問題です。

『Q&A』(一六ページ)では、論議の過程で「親子の扶養義務についても明文の規定をおくべき」との意見が出たことを紹介し、扶養義務は「家族は、互いに助け合わなければならない」という規定に含まれていると解釈しています。家族が助け合うのは、自然な感情であり、それ自体は批判されることではありません。しかし、憲法にまで「家族は、互いに助け合わなければならない」という「義務」として書き込まれると、事情は変わります。国民の「生活保障」に対する国の責任が免除されてしまいます。

安倍政権になってからの生活保護攻撃の内容に、「扶養義務者の責任追及」が挙げられますが、改憲草案第二四条第一項は、この攻撃に憲法的根拠を与えることになります。

コラム 「自助、共助、公助」国民の声は……

内閣府の「国土形成計画の推進に関する世論調査」では、「地域において住民が生活を営んでいく上で、主に自助、共助、公助という三つの考え方がありますが、本格的な人口減少・高齢化時代を迎え、財政的な制約も厳しくなっていく中で、あなたはどの考え方を最も重視しますか。この中から一つだけお答えください」という設問があります。「地域における住民の生活は、個人が自立して営んでいくべき(自助)」が一六・三パーセント、「地域における住民の生活は、住民が互いに協力しあって営んでいくべき(共助)」が四四・九パーセント、「地域における住民の生活は、行政が中心となって支えるべき(公助)」が三三・四パーセントでした。政府・財界が強調する「自助=自己責任」は、最下位だったのです。一つだけを選択する問いであることを考慮すると、ここには、国や自治体の責任（憲法二五条や地方自治法に規定された責任）を重視し、地域の人々が協力し合って生きていこうというのが、大多数の国民・住民の健全な考え方だということが示されています。

国の責任を自治体へ丸投げ――九二条

憲法第九二条は、「地方公共団体の組織及び運営に関する事項は、地方自治の本旨に基いて、法律でこれを定める」と規定しています。「改憲草案」では、第九二条に第一項を新設し、「地方自治は、……住民に身近な行政を自主的、自立的かつ総合的に実施することを旨として行う」と規定しました。地方自治体（市町村のこと）を「基礎自治体」と位置づけて、行政を自己完結的に行わせるというのです。

多くの行政領域において国の責任を免除し、「住民に身近な行政を自主的、自立的かつ総合的に実施すること」と言って、市町村自治体に丸投げする問題が潜んでいます。この方向は、自治体の合併を強制することにもなります。規模の大きな自治体でなければ、行政を「自立的かつ総合的に実施」することは不可能だからです。大規模化させた「基礎自治体」に住民生活に関係の深い行政を丸投げし、その上に道州制を置き（現行の県は中二階的存在に）、中央政府の役割を治安・外交・軍事などに特化させる「地域主権改革」にも通じるものです。

社会保障に関わる重要な問題は、「住民に身近な行政」を口実に、責任をもっぱら地方自治体に押しつける危険性です。「自立的かつ総合的に」という規定には、国の手を借りずに、「住民に身近な行政」の最たるものである社会保障を、地方自治体が「自主的」に行えという主張が隠されています。

現行憲法第二五条第二項は、「国は、すべての生活部面について、社会福祉、社会保障及び公衆衛生の向上及び増進に努めなければならない」と、社会保障に対する国の責任を明記しています。「改憲草案」第九二条第一項は、この国の責任を免除し、地方自治体に責任を転嫁する論法が埋め込まれています。

財源問題——サービス格差

「改憲草案」第九二条の二項も新設ですが、「住民は、その属する地方自治体の役務の提供を等しく受ける権利を有し、その負担を公平に分担する義務を負う」と規定しています。住民が役務（行政サービス）の提供に対して負担を分担する義務を明記しています。いわゆる「受益者負担」論であり、地方自治体が中央政府と共に、国民の「健康で文化的な最低限度の生活を営む権利」の実現のために、「すべての生活部面について、社会福祉、社会保障及び公衆衛生の向上及び増進に努めなければならない」という、生存権規定から遠く離れた、サービス売買の論理です。

「改憲草案」第九六条（地方自治体の財政及び国の財政措置）も新設です。「地方自治体の経費は、条例の定めるところにより課する地方税その他の自主的な財源をもって充てることを基本とする。

②国は、地方自治体において、前項の自主的な財源だけでは地方自治体の行うべき役務の提供ができ

ないときは、法律の定めるところにより、必要な財政上の措置を講じなければならない」という規定です。

地方自治体の運営には「自主的な財源をもって充てることを基本」とするのであれば、自治体間の格差が大きい現状では、住む場所によって行政サービスに差が出ることになります。改憲草案第九二条第二項と合わせて、行政サービスを受けたいのであれば、自己負担をしなければならない仕組みを、憲法で規定しようというのです。

社会保障削減と負担増を憲法で――八三条

憲法第八三条は、財政の基本を規定しています。「国の財政を処理する権限は、国会の議決に基いて、これを行使しなければならない」のです。国民によって選ばれた議員が、政府の予算・決算等を審議し、いわば財政における主権在民を規定しています。

改憲草案第八三条は、「国の財政を処理する権限は、国会の議決に基づいて行使しなければならない。②財政の健全性は、法律の定めるところにより、確保されなければならない」と規定されています。

新設された第二項が問題です。「財政の健全性は、法律の定めるところにより、確保されなければならない」と規定しました。「財政の健全性」を憲法上の要請とすることによって、歳出削減をより強力に進めることが可能になります。『Q＆A』二五ページでは、「財政の健全性を初めて憲法上の価値として規定しました」と誇っています。しかし、「医療、年金、介護、社会保障が日本をつぶす一番重要な原因だ」（橋下徹前大阪市長、二〇一二年一一月一九日大阪府内の演説で）などという政治家たちが、国政への影響力を発揮する現状を見れば、「財政健全化」条項は、社会保障切り捨てや、消費税の大幅再引き上げのような、国民負担の大幅な増大を容認する根拠になりかねません。

改憲を自らの使命だと公言する安倍政権のもとで、平和的生存権の具体化である雇用・社会保障改善による人間らしい生活を確立する道か、それとも憲法違反の生存権否定と、社会保障削減・変質を狙う勢力による、非人間的な生活を強いる道か、この二つの道の選択をめぐって、国民的な対決が明らかになっています。私たちは、人間らしい生活と労働を実現するために、憲法を学び、活用することを求められています。

2　自民党は社会保障をどうしようとしているか

自民党ペースの三党合意と「社会保障・税一体改革関連諸法」

先に見たように、自己責任と家族主義を中心にして、憲法二五条を事実上無視する自民党の「改憲草案」を踏まえ、自民党の「今後の社会保障に対するわが党の基本的考え方（骨子案）」（二〇一二年五月一五日）がつくられ、民自公三党合意による「税・社会保障一体改革関連諸法」（合計八本の法律からなっています。二〇一二年八月一〇日成立）の基本となりました。社会保障に直接かかわるのが「社会保障制度改革推進法」です（「税・社会保障一体改革関連諸法」の全体像については、筆者監修・労働運動総合研究所編『社会保障再生への改革提言』新日本出版社、二〇一三年一月、第二章第三節「最近の政府・財界の戦略――『社会保障制度改革推進法』の問題点」を参照。執筆担当は筆者)。

三党合意にもとづく「社会保障・税一体改革法案」が二〇一二年六月二五日に衆議院で可決された後、自民党のホームページに「コラム『社会保障と税一体改革』について」が登場しました。「三党合意」が、従来からの自民党の主張と異なるのではないか、民主党に譲歩したのではないか、という疑問に対する釈明です。コラムは、「社会保障制度改革の基本方針は、民主党のマニフェストや本年二月一七日に閣議決定された『社会保障・税一体改革大綱』ではなく、自民党の考え方がベースになることが明記されています」「社会保障分野は、民主党との間に大きな隔たりがありましたが、わが党の考え方がほぼ全面的に受け入れられ、法案の見直し、修正が図られました」と書いています(最終閲覧日二〇一二年七月五日)。

「家族力」に頼るという社会保障アナクロニズム

問題の自民党「今後の社会保障に対するわが党の基本的な考え方(骨子案)」では、社会保障の総論として以下のように書かれています。

「(1)額に汗して働く人が報われる制度に――①額に汗して働き、税金や社会保険料などを納め、また納めようという意思を持つ人々が報われること、②不正に申告した者が不当に利益を受けたり、正直者が損をしないようにすることが見直しの原点。『自助』、『自立』を第一とし、『共助』、さらには『公助』の順に政策を組み合わせ、負担の増大を極力抑制する中で、真に必要とされる社会保障の提供を目指す」。

「(2)家族による『自助』、自発的な意思に基づく『共助』を大事にする制度を――。家族の力の喪失を背景に、子育てなどの社会化が一層進められようとしているが、徒《いたずら》にそうした道を選ぶのではなく、家族内の精神的、経済的、物理的な助け合い、すなわち『家族力』の強化により『自助』を大事にする方向を目指す。また、自発的な意思に基づく『共助』を大事にし、その力が十分に発揮され得る社会を構築」。

「(3)公費負担の在り方と社会保険制度の見直し――我が国の社会保障は、社会保険制度を基本とし、必要な見直しを実施。一定の公費負担は社会保険料だけで給付を賄い得ない状況では当然であるが、保険料負担の適正化などに限定的に充当。これからの公的負担を支える財源は、①社会保障は広く国民全体が恩恵を受けるものであること、②社会保険料が概して収入に基づき負担するものであり、所得税と同様の経済効果をもたらすことなどを踏まえ、消費に基づき負担する消費税が中心に」。

「公助」にも触れてはいますが、本人と家族による自助をこの上なく強調し、ボランティア的な共助を補完役としていることは文脈からして明らかです。

個々人を社会の単位とする方向は、歴史的に覆しようがありません。子どもの育児や親の介護などを、家族が最も近い立場の人として、親身にとりくむのは心情的にも物理的にも自然なことです。自民党は、そこにつけこんで「公助」をサボタージュしようとしているのです。しかし、医療・介護・保育スタッフの養成や配置にしても、介護施設や各種ホームの整備にしても、個人や家族では対応できないことが多々あります。以下で見るように、それを行うべき地方・中央の行政がやるべきこと（「公助」）をしていないのが現状です。

しかし、ここに見られるのは、各種の生活問題への対応を、個人の幸福権追求を社会的に支える、一層の社会化（＝憲法第二五条に具現されている）ではなく、「家族力」に頼るという社会保障アナクロニズムです。自民党の時代遅れぶりをこれ以上ないほど明白に示しています。かつての侵略戦争を美化する靖国神社との親密性、集団的自衛権論、教育における教育基本法破壊と「教育勅語回帰」等々と相通じる、反動性が顕著に見られます。財源では、結局のところ、所得税と社会保険料を従とし、消費税を主とすることが打ち出されています。

違憲の「自民党改憲草案」に基づいてつくられた、違憲の疑いの濃い「社会保障・税一体改革法」に基づいて、現在、政府・財界による社会保障改悪が進められているのです。

コラム　法律の専門家の見方

最近の一連の医療・介護改悪は、「社会保障・税一体改革法」を具体的な起点にしています。この法律を明確に「違憲のおそれがある」と批判しているのが、法律の専門家集団である日本弁護士連合会の会長声明です。

日本弁護士連合会「社会保障制度改革推進法案に反対する会長声明」

「民主党、自由民主党及び公明党が今国会で成立を図ることにつき合意した社会保障制度改革推進法案（以下『推進法案』という。）は、『安定した財源の確保』『受益と負担の均衡』『持続可能な社会保障制度』（一条）の名の下に、国の責任を、『家族相互及び国民相互の助け合いの仕組み』を通じた個人の自立の支援に矮小《わいしょう》化するものであり（二条一号）、国による生存権保障及び社会保障制度の理念そのものを否定するに等しく、日本国憲法二五条一項及び二項に抵触するおそれがある。

すなわち、『推進法案』（二条三号）は、『年金、医療及び介護においては、社会保険制度を基本とし、国及び地方公共団体の負担は、社会保険料負担に係る国民の負担の適正化に充てることを基本とする』として、年金・医療・介護の主たる財源を国民が負担する社会保険料に求め、国と地方の負担については補助的・限定的なものと位置付けており、大幅に公費負担の割合を低下させることが懸念される。

また、『推進法案』（二条四号）は、社会保障給付に要する公費負担の費用は、消費税及び地方消費税の収入を充てるものとするとしているが、財源の確保は、憲法一三条、一四条、二五条、二九条などから導かれる応能負担原則の下、所得再分配や資産課税の強化等の担税力のあるところからなされなければならない。

さらに、『推進法案』（四条）は、新設する社会保障制度改革国民会議の審議を経て社会保障制度改革を具体化する立法措置を講じるものとしているが、社会保障制度改革をめぐる国民的議論は、全国民の代表である国会において、全ての政党・会派が参加し、審議の全過程を国民に公開すべきであり、内閣総理大臣が任命する僅か二〇名の委員による審議に委ねることは民主主義の観点から不適切である。

最後に、『推進法案』（附則二条）は、『生活保護制度の見直し』として、不正受給者への厳格な対処、給付水準の適正化など、必要な見直しを実施するとしている。しかし、生活保護受給者の増加は不正受給者の増加によるものではなく、無年金・低年金の高齢者の増加と非正規雇用への置き換えにより不安定就労や低賃金労働が増大したことが主たる要因である。むしろ、本来生活保護が必要な方の二割程度しか生活保護が行き届いていないことこそ問題である。給付水準の見直しについては、最も低い所得階層の消費支出との比較により、保護基準を引き下げることになりかねず、個人の尊厳の観点からも是認できない。

当連合会は、二〇一一年の第五四回人権擁護大会において、『希望社会の実現のため、社会保障のグランドデザイン策定を求める決議』を決議した。しかし、『推進法案』は、上記のとおり、社会保障制度の根本的改悪、削減を目指すものとなっており、当連合会の決議に真っ向から反する法案である。

よって、当連合会は、今国会で『推進法案』を成立させることに強く反対するものである。

二〇一二年（平成二四年）六月二五日」

改憲ベースの総合的改悪と「工程表」

自民党ペースでつくられた「社会保障・税一体改革関連法」（個別的には社会保障制度改革推進法）に基づいて「社会保障制度改革推進国民会議」が設置され、二〇一三年八月六日に報告書が提出され、その具体化として二〇一三年一二月五日に「プログラム法」（「持続可能な社会保障制度の確立を図るための改革の推進に関する法律」が正式名称）が成立しました（報告書に対する批判的検討は、拙著『憲法を生かす社会保障へ』新日本出版社、二〇一三年、第四章「『社会保障制度改革推進国民会議報告』と社会保障」参照）。

その具体化である「医療・介護総合確保推進法」（「地域における医療及び介護の総合的な確保を推進するための関係法律の整備等に関する法律」）が、二〇一四年六月一八日に成立しました。ここでは、都道府県が行う医療・介護の改善事業の費用は「消費税の収入をもって充てるものとする」（七条）とされました。「改正医療法」と「改正介護保険法」が、二〇一五年四月から施行されています。

「医療・介護総合確保推進法」の具体化でもある、国民健康保険の都道府県単位化（二〇一八年度から）などを定めた「持続可能な医療保険制度を構築するための国民健康保険法等の一部を改正する法律」（以下「医療保険制度改革関連法」）が二〇一五年五月二七日に成立し、医療と介護の主要な新自由主義的改革が実現しました。

あらためてこの攻撃の特徴を確認しておきます。それは「改憲ベースの総合的攻撃・医療と介護の総合的改悪」と特徴付けられます。「社会保障・税一体改革関連法」は、消費税増税と社会保障改悪をセットとした仕組みをつくり、子育て、医療、介護、福祉、年金、生活保護など、社会保障の全面に及ぶ総合的な改悪を構想しています。「プログラム法」は、総合的改悪の日程を設定しました。「医療・介護総合確保推進法」は、医療と介護の同時的改悪という点で画期的なものです。「医療保険制度改革関連法」の最大の特徴は、医療の基本的場を都道府県に移し、都道府県を司令塔として、国民健康保険をはじめとする公的制度のもとでの医療費削減を都道府県相互に競わせるという、巨大な医療費抑制構想です。自民党改憲草案に端を発し、それぞれの政策文書が役割を分担しつつ、重層的・総合的に自民党・与党の社会保障改悪・解体政策が進められているのです。

二〇一五年六月三〇日に閣議決定された「骨太の方針二〇一五」に基づき、財政制度等審議会の「建議」を受けて、二〇一五年一二月二四日、経済財政諮問会議が、社会保障を大改悪する「経済・財政再生計画改革工程表」（以下「工程表」）を決定しました。これが、上記の改悪諸法に基づいて、社会保障を総合的に改悪する、政府全体の進行表です。ここには大幅な国民負担増と制度改悪が盛り込まれています。主な内容は次ページの表1の通りです。特に二〇一六年度から一八年度までを「集中改革期間」としていて、安倍首相の任期中に大改悪をやっておこうという意図がありありと見えます。

営利化が際だつ安倍政権

安倍政権が進めている社会保障改悪は、従来の社会保障改悪路線の延長上にあります。中でも、安倍政権の社会保障改悪で際だつのは、憲法そのものを変えようとする根本的特徴を別とすれば、社会保障を営利的企業活動の場にするという、営利化・市場化の強化です。社会保障の営利化はこれまでにも繰り返し提言されていましたが、基本的には社会保障の枠外を営利企業に担わせるという構想でした。し

表1　政府が計画する社会保障大改悪（「経済・財政再生計画　改革工程表」から作成）

医療	①　入院時の食事代一食260円を段階的に引き上げ460円に：16年4月から実施 ②　紹介状なしの大病院受診で窓口負担上乗せ　初診時5,000円　再診時2,500円：16年4月実施 ③　後発医薬品価格と先発医薬品の差額を徴収：17年法案提出 ④　後期高齢者（75歳以上）の医療費窓口負担引き上げ　原則1割→2割負担化：19年度の実施めざす ⑤　一般病床の入院時居住費（水光熱費）の負担増と患者負担化：17年に法案提出 ⑥　病床機能の再編と算定要件の強化（入院ベッドの削減・再編）：16年4月実施 ⑦　高齢者（70歳以上）の高額療養費負担限度額の引き上げ：17年度の実施めざす ⑧　「かかりつけ医」以外を受診した場合の定額負担導入：17年に法案提出 ⑨　市販類似薬（スイッチOTC）の負担増や自己負担化：17年度の実施めざす ⑩　都道府県単位の診療報酬を設定：18年度の実施をめざす
介護	①　介護保険利用料の原則1割→2割負担化：17年に法案提出（75歳以上は早期に方策取りまとめ） ②　介護保険利用料の負担上限額引き上げ：17年度実施めざす ③　要介護1、2の生活援助サービスを市町村ごとの事業に移行（保険給付外し）：17年に法案提出 ④　「軽度者」の福祉用具貸与などの保険給付外し：17年に法案提出
年金	①　年金額を段階的に削減 ②　年金支給開始年齢を65歳からさらに引き上げ：19年に向け検討し法案提出
生活保護	①　生活扶助基準（各種加算・扶助）のさらなる引き下げ：18年に法案提出 ②　「就労努力」を踏まえ、給付の廃止・減額を含めた対応の見直し：18年に法案提出

かし、安倍政権では、基本戦略である「世界で一番企業が活躍しやすい国」の中身として、成長戦略が重視され、成長産業の一つとして医療・介護が位置づけられています。この点で象徴的なのが、二〇一五年六月三〇日閣議決定「骨太方針二〇一五」です。

「骨太方針二〇一五」では、「歳出改革」の項目で、「今回取り組もうとする歳出改革は公共サービスの無駄をなくし、質を改善するため、広く国民、企業、地方自治体等が自ら意欲を持って参加することを促し、民間の活力を活かしながら歳出を抑制する社会改革である」とし、具体的には「公的サービスの産業化」、「インセンティブ改革」などで、公的サービスに対する税金からの支出を（国や自治体の負担、補塡《ほてん》など）削減しようとしています。以下、営利企業化に直接言及した部分を引用しておきます。

「公共サービス（医療・介護、子育てなどの社会保障サービスを含む。以下同じ。）及びそれと密接に関わる周辺サービスについて、民間企業等が公的主体と協力して担うことにより、選択肢を多様化するとともに、サービスを効率化する」。「企業等が医療機関・介護事業者、保険者、保育事業者等と連携して新たなサービスの提供を拡大することを促進する。医療、介護と一体的に提供することが効果的な健康サービスや在宅医療・介護の拡大に対応した高齢者向け住宅、移送サービスなどのニーズに応じた新たなサービスの供給を拡大する」。

こうした方針が「骨太方針」に盛り込まれたことについて、甘利明内閣府特命担当大臣（当時）は、二〇一五年六月三〇日の記者会見で「本来、産業としてなじまないところを産業化し、新たなエンジンに加えているということが極めて斬新」と絶賛しました。国や自治体の税・予算を使った「公共サービスの量的抑制」をはかり、他方で「公共サービス（医療・介護、子育てなどの社会保障サービスを含む）及びそれと密接に関わる周辺サービスについて、民間企業等」の関与を拡大しようというのです。「私費・自己負担で民間の営利企業から提供されるサービスを買いなさい」「その部分は国策として大きくしましょう」ということです。

3　介護の仕事とそこで働く人の待遇改善について

ここで介護保険について考えておきましょう。高齢者のための社会保障として介護保険法が成立したのが一九九七年、つまり二〇年前のことです。それ以来のこの制度の実際の運用は、社会保障の切り捨てと営利化の問題点を端的に表すものになってきたといわねばなりません。

介護労働の役割

介護保険法第一条は、介護保険の目的について、「この法律は、加齢に伴って生ずる心身の変化に起因する疾病等により要介護状態となり、入浴、排せつ、食事等の介護、機能訓練並びに看護及び療養上の管理その他の医療を要する者等について、これらの者が尊厳を保持し、その有する能力に応じ自立した日常生活を営むことができるよう、必要な保健医療サービス及び福祉サービスに係る給付を行う」と述べています。

この目的を遂行するためには、介護の質が問われることになるのは自明のことです。介護の質は、介護労働者の専門性が発揮されることによって保障されますが、そのためには、介護労働者が安心して介護に専念できる労働条件の確立が求められるのです。しかし、介護の現実は、この目的から大きくかけ離れたものになっています。介護職場は、人手不足と低賃金・過酷な労働条件のもとに置かれています。

介護労働者であるホームヘルパーと一般の家政婦の仕事との違いを通して、この問題を考えてみます。ホームヘルパーは、食事をつくる際に、利用者の心身の状態やその人がどのように生活してきたのかを把握して、声かけをしながら食事づくりに参加できるかといった点を判断しながら働きます。たとえば、じゃがいもの皮むきであればできる、味噌汁の味付けであればできるというように、その利用者の可能性、できること、あるいは利用者本人はできないと思い込んでいるが実はできることなど、そのような利用者の能力を見きわめる能力が、ホームヘルパーの専門性です。

一方、家政婦の仕事は、利用者に言われた通りに食事をつくることです。したがって、食事をつくる行為に対して必要とする時間も、自ずとホームヘルパーの方が時間はかかります。主体は利用者であり、ホームヘルパーは寄り添って食事づくりをするのです。こうした食事づくり一つをとってみても、介護労働者の専門的役割を無視した効率化は、介護労働と本質的に矛盾するものです（労働運動総合研究所、社会保障研究部会の宮崎牧子氏の示唆によります）。

他産業と比べても著しく低い介護労働者の賃金

介護職場は、よく３Ｋ（きつい、給料が安い、汚い）職場といわれます。低賃金・過酷な労働条件の下に置かれているからです。そうしたこともあって、過酷な労働条件→あとを絶たない退職者→人手不足の常態化→さらなる労働条件の悪化という悪循環のもとに置かれています。

著者が参加する労働運動総合研究所社会保障研究部会では、二〇一五年春に、部会メンバーが手分けをして、介護労働者や関連する労働組合に、介護労働の実態を把握するためにヒアリングを行いました。

そこから明らかになったことは、第一に介護労働者の驚くべき低賃金です。厚生労働省「賃金構造基本統計調査」（二〇一四年）によれば、全労働者の所定内給与の平均は二九万九六〇〇円です。「社会保険・福祉・介護事業所」に働く福祉労働者の所定内賃金は、二二万九六〇〇円で全労働者平均と比べて七万円低くなっています。福祉労働者の中でも、さらに低賃金なのが介護労働者です。介護労働安定センター「平成二五年度　介護労働実態調査」（以下、「介護労働調査」）によれば、介護労働者の所定内賃金は、平均二一万二九七二円です。介護労働者の賃金は、全産業平均より八万六〇〇〇円以上低く、福祉労働者平均より一万六六〇〇円低いのです。

全労連「介護施設で働く労働者のアンケート」（二〇一四年版）によれば、「こんな仕事、もうやめたい」と思う介護労働者は、「いつも思う」八・七パーセント、「ときどき思う」四八・六パーセントと過半数の介護労働者が仕事を辞めたいと思うことがあると回答しています。その理由のトップが「賃金が安い」四四・七パーセントであり、以下、「仕事が忙しすぎる」三九・六パーセント、「体力が続かない」三〇・一パーセントと続いています。介護先から介護先へと移動するので、コンビニのトイレを借りることが多く、その場合に、一〇〇円程度の商品を買わないと具合が悪いが、その一〇〇円が時給の一割以上なので痛い、という話も出されています。

恒常的な人手不足・組織化が困難な仕事

「介護労働調査」によれば、介護職場の離職率は一六・六パーセントです。つまり、六人に一人が離職していることになります。離職者のうち、「一年未満の者」は三九・二パーセント、「一年以上三年未満の者」は三四・〇パーセントに上ります。離職者が後を絶たないため、介護職場は、恒常的な人手不足に陥っているのです。同調査によれば、従業員が「大いに不足」（五・七パーセント）、「不足」（一九・八パーセント）、「やや不足」（三一・〇パーセント）をあわせると、五六・五パーセントに上っています。なかでも不足しているのが、「訪問介護員」（七三・六パーセント）、「介護職員」（五一・四パーセント）で、介護労働の担い手不足が際立っています。

人手不足の理由は、「採用が困難」（六八・三パーセント）で、その原因が「賃金が低い」（五五・四パーセント）、「仕事がきつい（身体的・精神的）」（四八・六パーセント）、「社会的評価が低い」（三四・七パーセント）となっています。

なお、介護労働者の低賃金と劣悪な労働実態は、労働組合の組織化が困難であることと連動しています。ヘルパーの労働態様は、登録型・直行直帰が大部分で、年齢は五〇歳から六〇歳、昇給は殆どないという状況が一般的です。介護労働者は、勤務労働時間がまちまちで、直行・直帰型が大部分のため、職場で会議ができず、組織化は相当に困難です。宮城県医療労働組合連合会では、「一言メッセージ」を「詰め所」に配布して、会議に代えるなどの工夫を行っています。

介護報酬引き下げと介護事業所縮小の危険

介護労働者の賃金が低い最大の要因は、政府の社会保障切り捨て策のもとで、介護報酬が切り下げられてきたことです。二〇〇〇年に介護保険制度が発足した当初は、介護労働者（施設介護職員・一般労働者）の平均年収（賞与などを含む）は三四八・九万円、「ホームヘルパー」（一般労働者）三〇八・九万円と、それぞれにピークでした。それが、二〇〇三年、二〇〇六年の介護報酬のマイナス改定を通じ、低下してきたのです。

二〇一五年の介護報酬改定によって、全体平均で二・二七パーセント切り下げられることになりました。その影響は甚大です。介護労働者の低賃金が改善されないことだけではありません。介護報酬は、小規模デイサービスで約一〇パーセントのマイナス改定、予防通所介護・予防通所リハビリに至っては二〇パーセントを超えるマイナス改定となりました。介護事業所縮小など「給付サービスの縮減」と介護労働者の労働条件悪化による介護サービスの質の低下を同時に招く事態が進行しているのです。

民間信用調査会社の東京商工リサーチが二〇一六年一月一三日に発表した、二〇一五年一月から一二月までの「老人福祉・介護事業」累計倒産は、過去最多の七六件に達しました。この理由を、同社は二〇一五年四月からの介護報酬引き下げが影響したと見ています。

介護労働の深刻な劣化と利用者に対する人格無視の虐待が同時進行していることも、注目しなければなりません。川崎市で発生した、介護職員による入居高齢者への殺人事件が象徴的ですが、介護労働者の誇りや自覚をも破壊するほどの過重労働と、労働に見合わない低賃金が、事件の背景にあることは、広く認識されてきています。

本格的営利化の急展開

安倍政権下の社会保障における営利的企業化は、介護の分野でも急展開しています。最近の特徴は、異業種大企業が、資本力にものをいわせて参入していることです。ソニーは金融持ち株会社を通じて参入し、二〇一六年四月には自社ブランドの有料老人ホームを開業しました。損保ジャパン日本興亜ＨＤは、有料老人ホームや在宅介護サービスを展開し、売上規模で業界第二位になっています。パナソニックは、デイサービスや高齢者向け住宅を売りにして、三年後には七五〇億円の売り上げを目指しています。オリックスは、有料老人ホームを運営するとともに、移乗用リフトや情報通信機器の開発にも取り組んでいます。イオンは、総合スーパーの店舗内にデイサービスコーナーを設置し、二〇二〇年までに五〇カ所に広げる計画です。

これらは、大企業による高齢者福祉・介護事業への参入の一端に過ぎませんが、ターゲットは中・高所得高齢者層です。他方で、二〇一五年から、要支援一と二に対する介護保険の予防的サービス支給が一部廃止されています（経過中）。また、要介護一と二についても、介護保険からの給付を相当程度削減する案が政府から出されています。国家的詐欺ともいうべき、公的保険の給付削減を進めつつ、「買う介護」を進める大企業には、「成長戦略」として儲けの場を提供するのが、安倍政権の介護に関する方針です。

介護制度改善を介護労働者・介護事業所・利用者の共同で

「ブラック化」する職場環境、介護労働者の高い離職率、これらの問題の根本には介護制度がありま す。介護制度の改善なくして介護労働者の状態改善はありません。介護保険制度は、利用者への給付が増えれば、被保険者の保険料が上がり、サービス単価が上がれば、これまた保険料が上がる仕組みです。つまり、「利用すれば負担が上がる」「制度を充実すれば負担が上がる」という財政の仕組みになっているのです。一方、安倍政権は、「医療・介護を中心に社会保障給付については、いわゆる『自然増』も含め聖域なく見直し、徹底的に効率化・適正化していく」（骨太方針二〇一四）としてきました。「給付サービスの縮減」と「サービス単価の切り下げ」によって、介護サービスの質・量ともに後退する深刻な状況になっています。何よりも、国の財政支出を増やし、保険料と利用料を上げずに、給付を確保・改善し、介護報酬を引き上げ、介護労働者の賃金と労働条件を大幅に改善することが、国民的課題です。

この問題の展望を切り開くには、介護労働者、利用者、施設経営者の共同運動が不可欠です。全国福祉保育労働組合（福祉保育労）や日本医療労働組合連合会（日本医労連）や全国生協労働組合連合会（生協労連）などの、介護関連労働組合では、こうしたスタンスが広がりを見せています。北海道厚岸《あっけし》町では、社会福祉協議会が経営する介護施設の民間委託が発覚し、労働条件が大幅に切り下げられることがわかり、そこで働く介護労働者が共産党町議に相談し、北海道労働組合総連合（道労連）と連絡を取り、新たに労働組合をつくり、民間委託計画を撤回させました。

同じ北海道石狩市厚田でも民間委託の計画が浮上しましたが、厚岸町の経験を学び、労働組合を結成し、計画の撤回を実現しています。こうした介護労働者の組織化では、従来の産業別労働組合の枠を超えて、医労連、福祉保育労などの関連労組が一体となって支援を行いました。介護労働者の組織化のために、道労連が中心になり介護対策チームをつくり、地域労連と一緒に組織化に取り組んでいます。介護対策チームは組織化とともに自治体要請、事業所訪問を行い、事業所アンケートに取り組んでいます。また、事業経営者との共同も重視しています。全日本民主医療機関連合会（全日本民医連）が経営する施設の施設長を代表にし、労働組合も加わり、よりよい介護を目指す共同を進めています。

4　ＴＰＰ協定承認の異常と危険

ＴＰＰ協定を出発点に二国間交渉？――日本の国益よりアメリカの国益

以上、安倍政権が強行する「違憲の社会保障政策」をみてきました。ところで、「憲法の上に安保条約を置く」のが、一九五二年に日米安全保障条約（旧安保条約）が発効して以来の日本政府の基本方針ですが、社会保障に関わって、今日の憲法と安保の関係を示すのが、ＴＰＰ（環太平洋経済連携協定）です。

新たにアメリカ大統領となったドナルド・トランプ氏は、ＴＰＰから「永久に離脱する」という大統領令に署名しました。アメリカが参加しなければ、ＴＰＰは発効しません。それなのに、二〇一六年一二月、政府与党は国会の多数の横暴でＴＰＰ承認を強行すると同時に、今後アメリカとの二国間協定でことを進める方針をとりました。アメリカとの二国間協定は、最低でも国会で承認されたＴＰＰ協定を出発点にして議論されます。アメリカが、トランプ流の強引な「アメリカ第一主義」で、交渉に臨んでくるのは火を見るより明らかです。こうして、日本の国益を売り渡す土台までつくっているのが、安倍政権です。

ＴＰＰの内容は、非常に広い範囲に及んでいます。ここでは、社会保障の重要な分野である医療を例にして、国民の主権を日本とアメリカの大資本が侵害する仕組みを明らかにします。

日米同盟の強化が根底に

日本経団連の米倉弘昌会長（当時）は「世界との連携という観点においてはＴＰＰの交渉の参加は通商政策の観点のみならず、外交、安全保障の基準である日米同盟の深化であるとか、あるいはアジア太平洋地域における安定的な秩序づくりといったことから不可欠な政策課題であると思います」（二〇一一年一〇月二八日、第一回国家戦略会議での発言、しんぶん赤旗同年一二月八日付参照）と語り、財界がＴＰＰを推進する理由は、単に多国籍企業の活動をいっそう自由にするための通商政策だけの問題ではなく、日米安保条約二条に対応する「経済安保」の課題であることを強調しました。ＴＰＰが、安保法制（戦争法）とセットをなす、日米安保体制の強化という性格を持つことを捉えなければなりません。

アメリカ側でも、ブルッキングス研究所のジョシュア・メルツァーは「ＴＰＰは経済的な理由だけでなく、外交戦略上の意味がある。米国は環太平洋域でリーダーシップを演じようとしている」（朝日新聞二〇一二年二月九日付）と述べています。

ただし、ＴＰＰに熱心なオバマ前大統領と異なり、トランプ大統領は、ＴＰＰから脱退しました。ＴＰＰ推進の最大勢力であり、文字通りの牽引車《けんいん》であったアメリカが、ＴＰＰに対する態度を大きく変えたのです。しかも、日米をはじめ、各国で国民的なＴＰＰ反対運動が起きています。ＴＰＰを推進する理由がなくなりつつある中で、ＴＰＰ承認を強権的に推進する安倍政権の姿勢は、きわめて異様なものでした。

アメリカ型経済に各国の制度を従属させる

商品や資本は、国境を越えて世界に進出するというグローバル性を特徴とします。しかし、医療を含む社会保障は、地域性・国内性が強いのです。「政策の決定や選択権の行使はある一つの国家状況の中で行われるのだということを認識することも大切である」「歴史的に見て国民国家が変化を嫌う文化的、制度的な島国性という特徴をもつことも事実である」（レーミッシュ・ミシュラー、丸谷冷史他訳、『福祉国家と資本主義』、晃洋書房、一九九五年、六ページ）のです。

ＴＰＰは、日本を世界で一番企業が活躍しやすい国にする、という安倍政権の戦略にそっています。ここでいう企業とは日本企業に限りません。その国で国民の生活の現実と運動を背景に成立してきた社会保障などの労働と生活の様々なルールを、大企業（現実的にはアメリカと日本の大企業）の営利活動に有利なように、変えてしまうものです。

以下に詳しく述べますが、総括的にいえば、ＴＰＰは参加国に、経済・資本の論理を強力に押しつける道具です。ここで押しつけられる資本の論理は、アメリカ型のルールです。ＴＰＰ関係諸国の中で圧倒的経済力を持つアメリカのルールを各国に押しつけて、「それらの国のかたち」そのものを大きく変えてしまう内容を持っています。医療に関していえば、食の安全を含めて、国民の健康と生命を守る制度・ルールが、大きく崩される危険があります。

ＴＰＰは、アメリカ主導の日米同盟強化のための通商協定推進路線であり、憲法が要請する平和的・主権在民的な経済外交政策と対立します。ＴＰＰの本質は主権在民の否定であり、憲法の上に安保条約を置いているように、憲法の上にＴＰＰ協定を置くものです。

その破壊的波及力

ＴＰＰを考える場合、協定文だけでは本当の全体像はつかめないことが重要です。協定文そのものを補強するものとして、「サイドレター」と呼ばれる二国間取り決めの文書があります。日本政府がこれを全部公表しているか不明です。また、日米間では、「日米並行協議」「実施計画」「承認手続き要求」などという、協定文を補強する仕組みが張りめぐらされています。

「日米並行協議」は、日本がＴＰＰ交渉に加わる条件として、アメリカの要望に沿う形で二〇一三年から協議が続けられました。ここには、保険、自動車関係、食の安全・安心に関わる非関税障壁の除去といった内容が含まれています。

ＴＰＰの本質は、貿易自由化に向けての「エンドレスゲーム」です。自由化の道は逆戻りできません。サービス貿易や金融分野では、「ラチェット条項」――ＴＰＰ発効後に規制を強める国内法規は、条約違反とする規定が盛り込まれています。つまり、各国にアメリカ型のルールが貫徹されるのです。後から、その国の利益にそって「規制」をかけることは、そもそもできないのです。いかにしてアメリカを中心とする大企業、投資家の利益を最大化するかが目的なのです。

特に大きな打撃を受ける農業では、エンドレスな市場開放が進み、全品目が壊滅的打撃を受けます。ＴＰＰ交渉に関する国会決議で、日本への影響がとりわけ大きい五品目（コメ、麦、牛肉・豚肉、乳製品、砂糖の原料で、関税対象の細目としては五八六あります）については、「除外または再協議」すると決めました。しかし日本政府は五八六のうち、一七四（約三割）で関税撤廃に同意しました。これだけでも「いっさい手を付けない」という意味での「聖域」の確保はできなかったのです。

残りの四一二品目の中にも、豚肉や牛肉など関税が大幅に削減されるものや、米や麦など低関税の輸入枠（関税割当）を設けたものが存在しています。政府がいう「関税撤廃しなかった」というのはウソなのです。

株式会社による医療や混合診療拡大との関係

ＴＰＰによって医療機関の市場化が推し進められることが懸念されています。どういうことか説明しましょう。

小泉政権下の二〇〇一年七月に、総合規制改革会議が出した「重点六分野に関する中間とりまとめ」で、株式会社など営利企業の医療への参入を提案しました。二〇〇二年一二月に構造改革特別区域法が成立し、二〇〇三年四月から施行され、特区において高度医療（再生医療、遺伝子治療、高度な技術を用いる美容外科医療など）の提供を目的とする病院などの開設が可能となりました。二〇〇六年に、医療法施行後初の構造改革特区における株式会社立診療所が開設されましたが、その後の開設はなく一件にとどまっています。これが、神奈川県横浜市の株式会社バイオマスターの高度美容外科医療を提供するクリニックです。しかし、ここは二〇一一年六月一日から休院しています。

医療への株式会社参入は財界の強い要望であり、アメリカの大企業も同じ要望を持っているでしょう。しかし、財界や安倍政権の思惑通りに、医療の営利化が進む保証はありません。自由（＝全額自費）診療だけで医療機関を経営することは、顧客を確保するという点で、かなり狭い可能性しか持っていないのです。

周知のように、混合診療とは、公的保険が適用される診療部分と自費部分を共存させた制度です。国民皆保険のもと、「必要な医療は公的保険で」という建て前を厚労省は崩していませんが、現在、日本で例外として認められている、自費と公的保険の両方を含む診療（保険外併用療養費制度）には、従来からの先進医療に加えて、二〇一六年四月から、「患者からの申し出」があれば、広範な治療方法について混合診療を認めるしくみが加わりました（患者申出療養制度）。患者の申し出を起点として、先進医療を自費で受けられるようにする、というのが「売り」の制度です。これは、混合診療の件数を飛躍的に増大させる可能性があります。なぜなら、従来の先進医療を利用するための混合診療と比べて、利用に当たってのハードルが低いからです。また、政府による長年にわたる自己負担増大政策も背景となって、「少々の自己負担はあっても受けたい医療を受けるために、自分から手をあげても構わない」という気分は少なからず存在します。また、医療機関側からの誘導的対応も考えられます。

これらの混合診療は、自由診療だけを行う医療機関では扱えません。保険診療と先進医療の両方を扱うためには、厚生労働省の保険医療機関の指定が必要条件です。株式会社を含めて、営利的事業体は、特区（とくに「総理主導」の国家戦略特区）を活用して混合診療を大いに扱うという活路を与えられたのですが、この通路に入るには保険医療機関の指定という〝通行証〟が必要なのです。

この点をめぐって、TPPが日本の制度を壊しかねません。私企業が国家を訴えるしくみがあるからです。私的投資家の利益が、その国の制度によって損なわれた、として私的投資家（具体的には私的企業）が、国家を訴えるのがＩＳＤＳ（「投資家対国家の紛争解決」）です。これがＴＰＰに含まれています。

例えば、右の例でいうと特区制度を活用して開設した外資系の医療機関が、開設認可は国家的特区政策を背景にして入手できても、厚労大臣が保険医療機関の指定をしなければ、不利益をこうむったとして、国際仲裁法廷に提訴する危険性があります。医療機関の開設を規制緩和させ、日米の大企業に参入の道をひらくねらいが、私企業による国家の提訴という形で進められるのは異常というほかありません。

ＩＳＤＳによって国の制度が破壊される

それだけではありません。民間医療保険の分野では、がん保険をはじめとする医療保険・特約が販売されています。契約件数が最大なのはアメリカのアフラック社です。そして、アフラック社は、かんぽ生命の約二万の郵便局窓口で、自社のがん保険を販売しています。アフラック社に限らず、医療に限らず死亡保険でも、日本の国民皆保険（皆年金）制度のもとで、自社の保険商品を売るためには、公的医療保険の適用範囲が広いのは、また、公的年金水準が高いのは、邪魔になります。日本政府が、国民の要求を受けて、健康保険制度や年金制度の社会保障性を強化して、給付の範囲と水準を上げると、利益確保に対する侵害を行ったとして、日本政府がアメリカの民間保険会社から訴えられ、ＩＳＤＳの対象になる可能性があります。

同様な構図は、薬をめぐっても成り立ちます。国民の生活を守るために各国政府が自主的に制定した様々なルール（規制）があります。生命や健康に直結する薬や食品については、慎重な認可のルールが必要であることはいうまでもありません。ところが、そこにアメリカの企業が介入して「規制を取り払え」と、関係政府を訴えるのがＩＳＤＳです。これは一九六五年に定められたものですが、裁判を行うのは投資紛争解決国際センターという世界銀行の傘下にある組織で、世界銀行は歴代総裁がすべてアメリカ出身（現総裁のジム・ヨンキムは二〇一二年六月に就任。彼は韓国系アメリカ人）という、アメリカの経済的利益を擁護するので知られた組織です。

ＩＳＤＳの萎縮効果

磯田宏九大准教授は、「『畏縮《いしゅく》効果』（Chilling Effect）こそＩＳＤＳの巨大な力です。私は訳語で、萎《い》縮《しゅく》の『萎』でなく、あえて威して押さえつける『畏』を当てたいのですが、外国から訴えられるかも知れないというだけで、そういう政策を自主規制させる、強力な力が働くのです」と指摘しています（『経済』二〇一六年六月号）。公的医療保険、公的年金、医薬品、特許、混合診療のいずれからも、アメリカ企業によるＩＳＤＳ提訴の危険性が読み取れ、それらは、日本の医療・年金制度に対する「萎縮」「畏縮」効果を持ちます。たとえ、提訴が現実になされなくても、十分に政策的な効果を発揮するのです。ＴＰＰは、瞬時に日本の医療制度を襲う「劇薬」であり、長期にわたって蝕む恐ろしい毒でもあります。

ＴＰＰ協定の九章投資附属書九―Ｂでは、医療や薬価にもかかわる「公共の福祉に係る正当な目的（公衆の衛生、公共の安全及び環境等）を保護するために立案され、及び適用される締約国による差別的でない規制措置」という当然のことでも、私的投資家がこうした「規制措置」によって損害を被ったと判断する「極めて限られた場合」には、間接収用を構成する、つまり訴訟の対象になりうる、とされています。「極めて限られた場合」というのも定義が不明なので、現実には私的投資家の判断に委ねられる恐れがあります。

磯田氏は、ＴＰＰ協定九章「投資」の分析を通じて、提訴が可能か否かは、定義が不明確なために、結局は仲裁法廷の裁量に委ねられてしまうし、仲裁法廷を構成する人びとには、「ＩＳＤＳビジネス」で儲ける「ＩＳＤＳムラ」の村民ではないか、という疑念があることを指摘しています。

国民皆保険のすべてを対象とする協議

石原伸晃内閣府特命担当大臣（経済再生担当社会保障・税一体改革担当）は二〇一六年四月七日の衆院・環太平洋パートナーシップ協定等に関する特別委員会で、ＴＰＰによる日本の公的医療保険制度への影響について、次のように答弁しました。「私は何で（協定を締結すれば）国民皆保険制度が崩壊するという話になるのか不思議に思っていた。協定の中に『医療保険制度に関して、日本が今行っているものを改めなさい。変更しなさい』という規定が仮にあれば、それは大変なことだが、そんなものは全くない」「（全く）ないということは、今やっているもの（国民皆保険）をしっかりと守っていくという方針に何ら変更はない（ということだ）」（自民党の福井照氏への答弁）。

問題は、この石原答弁が真実を語っているのか否かです。結論は「否」です。

三〇章からなるＴＰＰ協定には、独立した医療の章はありません。このことを根拠に、石原大臣はじめ政府の対策本部は、「公的医療保険制度に関して変更は行われません」と説明してきました。しかし、国民皆保険制度の重要な一部をなす薬価制度、あるいは新薬の特許期間やデータ報告は、明示的に協議の対象としているのです。

また、いわば日本の制度の「本丸」ともいうべき「健康保険制度」についても、「医薬品及び医療機器に関する透明性及び手続の公正な実施に関する附属書の適用に関する日本国政府とアメリカ合衆国政府との間の文書（概要）」において、「両国政府は、附属書に関するあらゆる事項（関連する将来の保健制度を含む。）について協議する用意があることを確認」（訳文は、内閣府ホームページのＴＰＰ政府対策本部のコーナーから入手）しています。要するに薬価制度を含む公的医療制度に関わる「あらゆる事項」を協議対象とすることで合意しているのです。

アメリカの悲劇を日本に「輸出」——公的健康保険制度のない国がモデルか

医療に関わるＴＰＰの最大の害悪は、日本の医療・福祉分野をアメリカの投資対象にすることと、公的皆保険制をアメリカ的に営利民営化することです。ＴＰＰに反対しているジェーン・ケルシー（オークランド大学教授）は、「『異常な契約』ＴＰＰに潜む米国のダブルスタンダード戦略」（『世界』二〇一三年一二月号）で、日本の医療制度を踏まえつつ、「日本の国民皆保険制度は、金融と健康セクターを通じた一貫した制度として機能しており、効率的である。この制度は社会的・文化的性格が強い。対照的に、米国の金融業界は健康保険を大きな利益を生む金融商品ととらえ、これを公的政策としての特色をまったくもたない形態の保険として取り扱う。……米国が多国間でのＴＰＰ交渉や日米並行協議での非関税障壁撤廃交渉の両方を通じて、健康保険制度の『競争中立性』の実現を目指すことは明らかである」と指摘しています。この指摘にあるように、医療制度・健康保険制度は「社会的・文化的性格が強い」のです。ニュージーランドの研究者からの、正確な問題提起として重視したいものです。

彼女はまた、「日本の国民健康保険制度が功を奏しているのは、この制度が経験豊かで献身的な医療従事者、管理された報酬、非営利の病院や公共施設を伴った公的医療システムに基づいているためだ。一方、米国の民間健康保険のモデルは、民間の保健サービスチェーン全体による本格的な民間競争を必要とする」とも指摘しています。こうした高い評価を得ている日本の社会保障としての国民皆保険制度を、利潤追求を最高目的とするアメリカや日本の大企業が「活躍」するための制度に変えてしまうのが、ＴＰＰの医療分野における目的なのです。

高い薬を日本に買わせるのはアメリカの念願

協定文（訳文は、上記ホームページ掲載の「環太平洋パートナーシップ協定の概要」（暫定版）（仮訳））の第二六章「透明性及び腐敗行為の防止」には、薬価問題の具体的方向が示されています。「本章の附属書において、ＴＰＰ締約国は、医薬品又は医療機器の一覧への掲載及び償還に関する透明性及び手続の公正な実施を促進することに合意する」となっています。

念のためにつけ加えると、この「透明性」は、日本の議会や国民にとっての透明性ではなく、利害関係者である主にアメリカと日本の製薬企業にとっての「透明性」です。アメリカは二〇一一年九月に公表した「医薬品へのアクセス拡大のためのＴＰＰ貿易目標」の中で、①アメリカ企業が開発した革新的医薬品を迅速にＴＰＰ加入国で売り出せるようにする（これは安全性で問題が起こる。日本の厚労省が自主的に認可できなくなり、アメリカ側の要求を認めなければならない）、②医薬品に関する関税を撤廃する

（日本国内の後発メーカーに大打撃を与える。日本の製薬企業の大半は後発メーカー）、③各国内での流通障壁を低減させる（アメリカ製薬企業からの日本の薬品流通市場への介入）、④不要な規制障壁の最小化（公的保険のもとで薬価を決めるルールにアメリカ製薬企業が口を出す）といった要求を強く出していました。

このアメリカ側の要求を準備したのが、二〇一一年二月二八日〜三月四日に東京で開催された第一回日米経済調和対話であり、発表された文書では、医薬品・医療機器がまとまった項目を成し、「透明性」について、多くのことが書き込まれました。

たとえば、アメリカの高価な薬品を日本の健康保険制度に採り入れる場合に、薬価が低くならないことを要求しています。「ドラッグ・ラグ：日本における革新的新薬の早期導入を促進し、ドラッグ・ラグを縮小するよう」にする、という要望も盛り込まれました。これは、薬の効果や安全性に関する審査を甘くして、早く日本国民にのませろということであり、安倍政権下で実施されました。

薬価決定過程に製薬企業が直接参加

ＴＰＰ協定文では、ある薬を健康保険制度に含むか、薬価をいくらにするかなどを決める審議会にたいして、「利害関係者に対する審議会の開放性、この要件を厳格化して、審議会の透明性と包括性を向上させる」と書いています。要するに、日本で薬価を決めている中央社会保険医療協議会にアメリカ企業代表も入れろということです。

こういう要求を従来からアメリカは出していて、これが今回、ＴＰＰ協定第二六章「透明性及び腐敗行為の防止」の「附属書二十六Ａ医薬品及び医療機器に関する透明性及び手続の公正な実施」に盛り込まれたのです。

内容を日本の制度に引きつけて解説すれば、中央社会保険医療協議会が、「国の保健医療制度の下で、償還を目的として新たな医薬品」を「一覧に掲載」し、「償還の額を設定するための手続きについて」「検討を一定の期間内に完了」し、製薬企業にとっての「手続き規則、方法、原則及び指針を開示すること」と定められています。

「一覧に掲載する」とは、公的保険で使えるようにする、つまり保険適用とすることです。「償還の額を設定する」とは、薬の保険制度上の公定価格を決めるということです。「決定に直接影響を受ける申請者」(=新薬を開発した製薬企業)が不服審査を開始することもできるという規定が盛り込まれました。これは、ISDS条項に関係します、アメリカの製薬大企業が利害関係者という資格で、日本の国民皆保険の重要な構成要素である薬価制度に対し、「透明性と手続きの公正さ」に欠くという異議を申し立て、中央社会保険医療協議会における医薬品の保険適用の可否とか、公定価格の決定プロセスに、強力な影響力を行使することが危惧されます。

特許期間・データ保護期間延長――先発薬の支配力強化

TPP協定第一八章「知的財産」では、「特許の対象となっている医薬品については、販売承認の手続の結果として生じた有効な特許期間の不合理な短縮について特許権者に補償するため、特許期間の調整を利用可能なものとする」と規定しています。特許期間に「不合理な短縮」があった場合は、特許権者(新薬開発企業)に補償を行うための特許期間延長制度導入です。

日本の場合、医薬品の特許出願は基礎研究の段階で行われ、厚労省が承認して販売が認められるようになります。日本の特許法は特許期間を二〇年と設定していますが、医薬品に関しては、特許出願から販売までの期間が平均一〇年ぐらいであるため、新薬の市販後の特許期間は実質一〇年ということになります。

今後、アメリカの製薬企業から、この一〇年間の販売承認までの期間が、「不合理な短縮」（販売後の実質的特許期間が短くなる）として問題にされた場合に、特許期間が一〇年間延長になる可能性があります。なお、日本政府は特許法改正案で、五年を念頭に置いた特許期間延長制度を提案しています。TPPの協定文自体には期間延長の年数は書かれていません。五年以上の延長が認められる可能性もあります。

さらに、新薬のデータを保護する新たな制度が、TPP協定で導入されます。TPP協定ではバイオ医薬、遺伝子組み換えによる新薬（これらは高額な薬になる）について、特許期間が切れた後も、「データ保護」という「保護」を受けることができるとしています。データ保護期間は、「八年に限定することができる」と協定の注で書かれています。しかし、アメリカの健康保険制度（いわゆるオバマケア）では一二年です。日本政府は、実質上のデータ保護期間が八年だから、国内制度への影響はないと主張していますが、これは確定的な見通しではありません。TPP発効後一〇年たてば、データ保護期間を再協議するとも書かれているし、TPP委員会の決定によって一〇年を待たずに再協議することも規定しています。

特許期間・データ保護期間延長という問題は、主に大企業が開発した新薬を、安価に製造・販売するジェネリック薬として普及できる時期が、制限されるということです。ジェネリック薬の供給が遅れ、医薬品価格が高止まりするということです。安価な医薬品を手に入れることが制限されれば、何百万もの人々（とりわけ貧困国住民や各国の貧困層、あるいは特に貧困層に属さなくても、高額の医薬品価格をまかなえない人々）に、生命の危険をはじめとする甚大な影響を及ぼすことになります。

既存薬の形や使い方を変えた医薬品を、効果がアップしていなくても「新薬」として特許申請する「エバーグリーニング」のルールが認められれば、後発薬が市場に参入するまでに、今まで以上に長い年月が必要になります。日本国内だけでなく、多くの途上国では、患者の命をつなぐ安価な医薬品が手に入りにくくなるため、エバーグリーニングの承認に対して、多くの国が反対しています。

医療改悪に拍車をかける

後期高齢者医療制度の窓口負担を、現在の一割から二割に引き上げる案や、高価な新薬について、保険で給付する価格上限を決めて、患者が新薬の処方を選択した場合には、保険でカバーする額と価格の差額を本人負担にする案が、すでに経済財政諮問会議や財政制度等審議会の検討項目として挙がっています。

都道府県が、それぞれに医療費削減計画をたてて、相互に削減合戦に入りこむ「地域医療構想（ビジョン）の策定」も、今後、次々に進行していきます。安倍政権は、二〇一六年の参議院選挙の結果をうけて、これらの給付削減・負担増の「医療改革」を強引に実行しようとしています。

二国間協議によるＴＰＰ協定内容の具体化は、こうした既定の医療改悪路線を増幅するものです。こうした方向は、「治療の格差」「命の格差」を拡大します。まさに、全ての国民に、必要な医療を公的保険で給付するという「国民皆保険」の原則を守ることが、切実な課題です。冒頭でも述べたように、ＴＰＰは戦争法とも関連した戦略であり、私たちは、軍事的にも、政治的にも、経済的にもアメリカの従属的同盟者にならない地点に立ちきることが求められています。

アメリカと日本の財界の主権ではなく主権在民を、独立、中立、平和、国民本位の日本経済と社会保障を求め、多くの人びととともに、「生活に税を使え」と叫ぶことが、いま大事になっているのではないでしょうか。

参考文献

ＴＰＰと医療に関する文献は相当の量にのぼります。ここでは、大筋合意と協定（概要）の発表を踏まえ、それぞれの分野の専門家が、詳細に協定を分析した「座談会　ＴＰＰ協定文徹底検討」（『経済』二〇一六年六月）をまず参照すべき文献として挙げます。医療の担当は寺尾正之氏（全国保険医団体連合会事務局）です。あわせてＴＰＰテキスト分析チームの「ＴＰＰ協定の全体像と問題点　市民団体による分析報告　Ver.４」二〇一六年四月三日（http://www.parc-jp.org/）が有益です。医療担当は寺尾氏です。

第5章　社会保障財源をどこに求めるべきか

社会保障を充実させようとする主張や運動に対し、政府や自民党などはしばしば「財源がない」ことを理由に挙げて背を向けてきました。この章では、財源問題を考えますが、ここでは、基本的な方向性を示すにとどめます。※

※社会保障全体への具体的な政策提言は、労働運動総合研究所『提言　ディーセントワークの実現へ』（新日本出版社、二〇一三年）の第7章「『人間に値する生活』を保障するための具体的提言」と第8章「〝安定した雇用〟実現こそ財源確保の確かな道」を参照。また、日野秀逸監修・労働運動総合研究所編『社会保障再生への改革提言』（新日本出版社、二〇一一年）の第3章「『人間的な労働と生活』を基盤とした社会保障再生提言」と第4章「『安定した雇用』の実現で確かな財源の確保を」を参照してください。

必要に応じた給付と能力に応じた負担

社会保障運動は、日本社会の深刻な貧困と所得格差を直視して、要求を発見し、共有し、政策・運動を組み立てることが出発点になります。この場合、年金などに見られる、浅薄な世代対立論に惑わされてはなりません。現在受給する世代（お年寄り）と現在負担し将来受給する世代（現役世代）で、受給額に差があるのは不公平だというような世代対立的な描き方がなされてきましたが、そこにはそもそも年金財源に対する国庫負担が十分なのかどうかという議論が、意図的に取り除かれています。

国庫負担の問題は「財源がない」という一言で済まされがちですが、大企業への大減税や、安倍政権の下で増え続け五兆円を突破している軍事費など、見直すべき財政問題は少なくないはずです。財界の利益とアメリカ軍への「思いやり予算」（防衛省予算に計上されている「在日米軍駐留経費負担」の通称。在日米軍の駐留経費における日本側負担のうちで、日米地位協定及び、在日米軍駐留経費負担特別協定を根拠に支出され、二〇一五年には一八九九億円になっている）を聖域にしたうえで、国民を脅しつける虚構の国家財政破綻《はたん》論に脅かされることなく、この社会に拡がり深まりつつある貧困と格差に、直接的に政策と運動を向けていくことが基本です。

そのために立脚する大原則は、国民生活のあらゆる領域で、「平和的生存権」「幸福追求権」（日本国憲法前文、第九条、第一三条、第二五条などに規定されている）を具体化することです。具体的な運用においては、「能力に応じて負担をし、必要に応じて給付を受ける」原則を実行することです。いま必要な改革の基本は、「できる限り保険料と給付との比例関係を排し、保険料は能力に、給付は必要に応ずる方向に進むべきである」（社会保障制度審議会六二年答申・勧告）ということです。

政府も応能負担を原則としていた

旧厚生省や厚生労働省と関わりの深い社会保険研究所から、『社会保険のてびき』が一九六三年以来刊行されていました。そこでは「社会保険の特色」という項目が設けられ、日本の社会保険の特色として、次の五点を挙げてきました。①勤労者の相互扶助を目的。「健康保険や厚生年金などの社会保険は、この相互扶助の精神を社会的に制度化したものです」、②勤労者の福祉をはかる。「社会保険は、企業内福祉のワクをこえて、大多数の企業に強制適用されており、事業主は、従業員とともに保険料を負担し、その納付・加入手続などの義務を負っています」、③国が責任をもって運営。「国民の生活を保護し、福祉をはかるために、国は法律で社会保険制度をつくり、保険者となって、費用の一部を負担し責任をもって運営しています。健康保険組合・厚生年金基金なども、国が最終的な責任を負っています」、④法律で加入義務。「社会保険は民間の保険とちがい、勤労者個人や事業主が自由に契約し加入するものではなく、法律で加入を義務づけられており、その意志に関係なく、事業所単位に加入しなければなりません」、⑤所得に応じて負担、必要に応じて給付する。「社会保険は、民間の生命保険・損害保険などと異なり、所得に応じて保険料を負担し、必要に応じて給付をうけるのが原則です」(『社会保険のてびき』二〇〇八年版、一〇ページ)。

特に、③国の責任と、⑤応能負担・必要に応じた給付の原則は、これからの社会保険のあり方を示す積極的な原則であり、国民健康保険や国民年金などの公的保険にも適用されるべき原則です。この観点からいえば、社会保険を「自助の共同化」とする主張は、従来からの政府側の説明とも矛盾するものです。

日本の現実

図1は、社会保障財源がどこから出ているかを見たものです。地方の税から一三・一兆円(一一・一パーセント)、国の税から三二・二兆円(二七・二パーセント)、事業主から三〇・七兆円(二六・〇パーセント)、被保険者から三五・六兆円(三〇・一パーセント)です。一九八〇年以降の傾向を見ると、国

と事業主の負担が減少して、地方と被保険者の負担が増えています。これは国際的にも例外的な動きです。「臨調・行革」、新自由主義的構造改革が連続したからです。

若干の補足をします。税については、給与所得者の場合、所得税では最低生活費にも課税されている一方で、年収数千万以上では負担率が減少しています。これは、有価証券取引などで得た収入に対する分離課税などの不公平税制のためです。社会保険料では低所得者にも賦課されている一方で、年収一〇〇〇万円あたりからは負担率が減少します。これは、社会保険料の賦課基準となる標準月額報酬に頭打ち制度があるためです。そして、いうまでもなく、低所得者ほど負担が重くなるという、逆進性が非常に強い消費税の税率が二〇一四年四月一日から八パーセントになり、二〇一九年一〇月一日から一〇パーセントに引き上げられます。財界からは一七パーセント、一九パーセント、さらには二五パーセント前後に引上げるという提案がなされています。

このようにみると、大企業と高額所得者を優遇する不公平税制を改善する運動が、社会保障財源を国民本位のあり方に

図１　社会保障財源の構成（2016年度予算ベース）

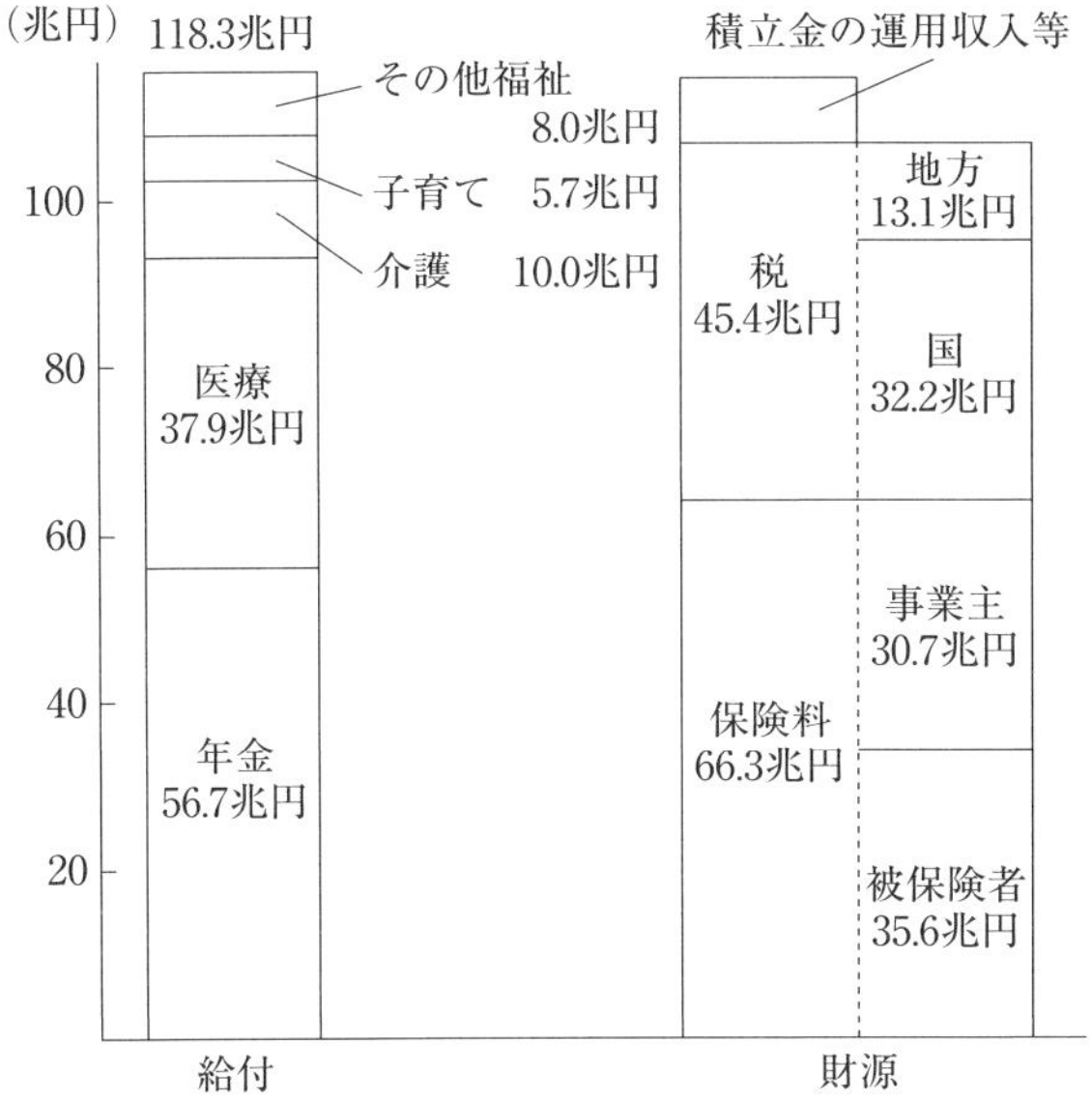

出所：全労連・労働総研編『2017年国民春闘白書』（学習の友社、2016年）47ページ
資料：厚生労働省資料

変えていくためにも、きわめて重要です。あらためて強調しておきます。

法人税では資本金一〇〇億円超の巨大企業が、中小・中堅企業よりも負担率が軽くなります。引当金・準備金・研究開発費減税などなどの大企業優遇税制があるからです。企業の社会保険料負担は、日本では労資折半が原則であり、フランスやイタリアなどの、労資負担割合がほぼ「三対七」などからみれば、大きく軽減されています。

社会保障財源をめぐる運動論で重要なことは、国民の生存権を保障するために、企業と国庫・公費から拠出される「社会的扶養」を拡大し、労働者・国民の負担を軽減することです。財源に関わる運動上の課題については、日野秀逸監修・労働総研編『社会保障再生への改革提言』（新日本出版社、二〇一三年）の第4章「『安定した雇用』の実現で確かな財源の確保を」（執筆担当、藤田宏）および第3章「『人間的な労働と生活』を基盤とした社会保障再生提言（執筆担当、三成一郎・日野秀逸）を参照して下さい。

財源は社会的扶養原理の強化によって

資本主義社会において、社会保障財源は、基本的には、労賃と、労働者が賃金分以上の時間働いて産み出し企業が取得する剰余価値になります。産業資本主義段階では、「自助」原則を補完するものとしての「救貧制度」（税が財源）や「共済活動」（労働者が自主的に拠出）が主なものでした。社会保障財源をめぐる運動・たたかいは、独占資本主義段階では、労働者と国と資本家が負担する各種の「労働者保険」を生み出しました。国家独占資本主義段階では、「人間らしい生活」を全国民に保障すること（生存権の具体化）をめざす社会保障制度へと発展しました。

現在の社会保障再生にとって必要な財源構想は、基本的に負担能力がある大企業および大企業幹部社員などの高額所得者の負担を増やすことです。社会保障制度は、賃金だけでは生命・生活を維持できない労働者階級が、剰余価値の一部分を資本家階級から出させる制度にほかなりません。要するに、いったん資本家側が手にした剰余価値から、追加的に労働者側へ再分配させることが基本です。労働者側からいえば、いったん搾取された分を取り戻すことが、基本になるのです。

具体的には、結局のところ、企業と政府の負担を増やすことです。政府の負担には税としての労働者負担があるので、実質賃金上昇なしに税の投入を増やすことには慎重でなければなりません。また、税を財源にするといっても、消費税は、逆進性が強いので、これを財源にしてはなりません。

危機的状態を突破するには国と企業の負担を増やすこと

国民健康保険（国保）も、国民年金保険も、介護保険も、「社会保険でやっていくかそれとも公費負担でやるか」という議論があります。実践的にいえば社会的扶養を強めるべきです。国保の保険料が非常に高いことは周知の通りであり、このルートから無保険者（国保資格証明書や短期保険証を発行された人）が発生し、受診を阻まれています。国保も、一九八〇年代には国が総会計の約五割を負担をしていた（現在は二割台前半）ので、この問題を解決するには、そこに戻せばよいのです。非正規雇用労働者が国保の対象になって、未納分が増えています。労働者を社会保険に入れ、年金でも厚生年金に入れるようにする運動が大事です。

国保も介護保険も後期高齢者医療制度も、当面、国の負担を大幅に増やすことが、現実的展望です。

そのさいに、大企業の内部留保を労働者・国民に還元することが、大きな意味をもちます。それは、賃金引き上げ、個人消費の拡大、総じて日本経済の好循環をつくりだし、それが、税収や社会保険税の増収につながり、社会保障の強靱化《きょうじん》に役立つからです。

後期高齢者医療制度は、可及的速やかに廃止すべき高齢者差別の制度です。二〇〇八年二月二八日に当時の野党四党（民主党、日本共産党、社会民主党、国民新党）は共同で、「後期高齢者医療制度等廃止法案」を衆議院に提出しています。その後、政権に就いた時点の民主党の政策では廃止でした。共産党は一貫して廃止を要求しています。現自由党は「生活の党」時代に「国民皆保険を堅持し、さらに将来の医療保健制度の一元化を目指し、後期高齢者医療制度は廃止する」を基本政策にしていました。安倍政権に対するその後の野党共闘の展開からみても、後期高齢者医療制度廃止は現実性があります。

大企業優遇税制を改めれば大きな財源が

「社会保障拡充のためには消費税増税もやむを得ない」という意見が振りまかれています。「社会保障を良くするために消費税率の引き上げが必要だ」というのはまったくのウソです。社会保障の拡充は消費税以外の財源でまかなえます。大企業優遇税制で税収が空洞化しています。例えば財務省の資料によると、企業向けの「政策減税」は二〇一四年度に一兆二〇〇〇億円に上り、そのうち六割を資本金一〇〇億円以上の大企業が受けていました（朝日新聞二〇一六年二月一四日付）。

二〇一七年度予算の概算要求では社会保障の自然増は六四〇〇億円とされています。「政府の歳出抑制の本丸は、厚生労働省が自然増で年間六四〇〇億円とはじく社会保障費の五千億円への圧縮だ」（日本経済新聞二〇一六年一一月九日付）と報じられているように、安倍政権は財政健全化を口実にこの自然増を毎年五〇〇〇億円程度にまで圧縮するとしています。二〇一七年度予算でいえば制度を改悪して、一四〇〇億円を削るということです。しかし、社会保障の自然増の二倍近い規模で政策減税がなされているのです。こうした露骨な大企業優遇政策を改めれば、社会保障をまかなう財源は十分にあるのです。

例えば社会保障予算の自然増分についていえば、「研究開発減税」を圧縮することでまかなうことができます。実は政策減税の半分を占めているのは「研究開発減税」です。減税額が一〇〇〇億円を超えてもっとも多かったのが世界最大の自動車メーカーであるトヨタ自動車でした。上位五社だけで二〇〇〇億円近い減税です。この額があれば自然増のうちの一四〇〇億円を圧縮しなくてもすむことになります。

改悪スケジュールを示しながら消費税増税も狙う

政府は「経済財政再生計画」として、社会保障改悪の工程表を決めています。四月から実施された入院時の食事代の値上げもその一つです。二〇一九年度の実施を目指す後期高齢者の医療費窓口負担の引き上げ、一九年に向け検討し法案を提出するという年金支給開始年齢の六五歳からの引き上げなど、医療、年金、介護、生活保護など社会保障のあらゆる分野が対象です。しかも何年にどこまでやるのかというスケジュールを明記しているのです。社会保障をこれだけ悪くすると明確に示しておいて、同じ口で「社会保障を拡充するために消費税率を引き上げますよ」というのは詐欺どころか、強盗ではないかと思います。

二〇一四年四月に消費税率を五パーセントから八パーセントに上げてから一年後（二〇一五年五月）の時点で、収入によって世帯を五等分して消費税負担率を比較すると、最下位の第一分位（年間平均収入三三九万円）が六・六一パーセント、第二分位（同五〇三万円）が五・九九パーセント、第三分位（同六五四万円）が五・七四パーセント、第四分位（同八一六万円）が五・〇七パーセント、第五分位（同一一九二万円）が四・八九パーセントでした。「見事に」逆進性を示しています。

大企業が法人税減税に加えて政策減税という「見えにくい恩恵」も受けている

大企業の税負担が少ないことをめぐっては多くの深刻な問題があります。まずは、すでに述べたように、大企業が法人税率引き下げに加え、政策減税という「見えにくい恩恵」も受けていることです。安倍政権は企業全体にかかる法人実効税率を二〇一六年度には二〇パーセント台にまで引き下げました。税の専門家らは、実効税率を下げるなら政策減税は縮小し、企業になるべく公平に課税していくべきだと指摘してきましたが、安倍政権で政策減税の額はむしろ倍増し、恩恵はより大企業に偏るようになったのです。

大企業を応援しても、実質賃金が四年連続で減り、家計の消費支出も低迷が続くなど、経済が底上げされていない現実を見れば、低所得者の税や社会保険料を軽くするといった政策を実行することが急がれるのです。

また、税の透明性にも課題があります。報告書は減税対象の企業名を伏せています。前述の朝日新聞は、独自に分析して、一部の大企業名を特定しましたが、全体像はわかりません。「ここがブラックボックスでは、税に対する国民の納得感は広がらない」という同紙の指摘はもっともです。

先ほどふれた研究開発減税の恩恵は大企業に集中しています。企業数では全体の〇・一パーセントにも満たない資本金一〇〇億円以上の企業への減税額が全体の八割を占めます。政策減税全体でも資本金一〇〇億円超の企業への減税額が七三六五億円と一二年度から二・五倍に増え、全体の六二パーセントを占めています。この割合は、一二年度の五六パーセントより高まっています。

大企業減税を消費税増税で

大企業への減税を肩代わりするのが、大衆課税である消費税です。「世界で一番企業が活動しやすい国」を掲げる安倍政権が打ち出すアベノミクス税制は、法人実効税率の引き下げのみならず、個別の政策減税でもまず大企業を支援するのが特徴です。消費税が導入された一九八九年度から二〇一五年度（推計）までに、法人の負担する税（法人税、法人事業税、法人住民税、地方法人特別税、地方法人税、復興特別法人税を含む）は、累計で二六二兆円減りました。ところが、消費税による税収は累計で三〇五兆円になりました。おおよそ、法人関連の減収を消費税でまかなっている構図です。

しかし、その効果はどうでしょうか。日本企業の一四年度の経常利益の総額は六四・六兆円と一二年度から約一六兆円も増え、過去最高水準になりました。しかし、政策減税で後押しした研究開発投資額や設備投資額は一・一倍の微増にとどまっています。企業の生産拡大に向けた投資は横ばいに過ぎないのです。いうまでもなく、減税を後押しにして儲《もう》けた分は、配当と内部留保と役員報酬（年俸一億円以上の役員は二〇一〇年の二八九人から二〇一五年の四一一人に増えている）に化けているのです。

二〇一四年の安倍政権による八パーセントへの消費税率引き上げ強行により、一四年度の消費税収は五・六兆円ふえました。しかしこのうち、社会保障の拡充に使われたのはわずか一・三兆円に過ぎません。あとはもともと別の財源から出していたものを消費税に移し替えただけです。一四年度に国の税収は約一〇兆円増えましたが、税率を八パーセントに上げた消費税収が五・六兆円増だったのに対し、法人税収は一・二兆円増です。財政負担は主に消費税をはじめとする家計負担で支えているのです。増税や、円安による輸入品の値上がりで家計消費は低迷が続き、物価を加味した「実質賃金」も一五年まで四年連続で下がっています。アベノミクスは、文字通り、大企業を支援し、国民からむしりとる政策です。

大企業から自民党へ献金――政策を献金で買う露骨な癒着

それだけではありません。企業から自民党への政治献金は増えているのです（図2）。自民党の政治資金団体「国民政治協会」への三〇〇〇万円以上の大口献金を朝日新聞が集計したところ、自民党の政権復帰で急増し、二〇一四年には民主党政権時代のほぼ倍の約一四億円になっています。最も多いのは自動車業界（部品、重機などを含む）の計約二億七〇〇〇万円で、全体の約二割を占めています。トヨタは六四四〇万円、日産は三五〇〇万円です。二位の電機業界は約一億九〇〇〇万円です。アベノミクスの「第二の矢」で公共事業が増えた建設業は一二年の約三・四倍に増え、電機業界とほぼ同額になっています。

森岡孝二・関西大名誉教授（企業社会論）は、税率の引き下げや政策減税の拡大に代表される「アベノミクス税制」は、日本経済全体ではなく、一部のグローバル企業にとって都合がいい政策ばかりだと批判しています（前出朝日新聞）。減税の恩恵を受けた企業から自民党が多額の献金を受けているのは「利益の還流」であって、経済界と政治との癒着《ゆちゃく》をまざまざと示しています。

図2　自民党への大口企業献金

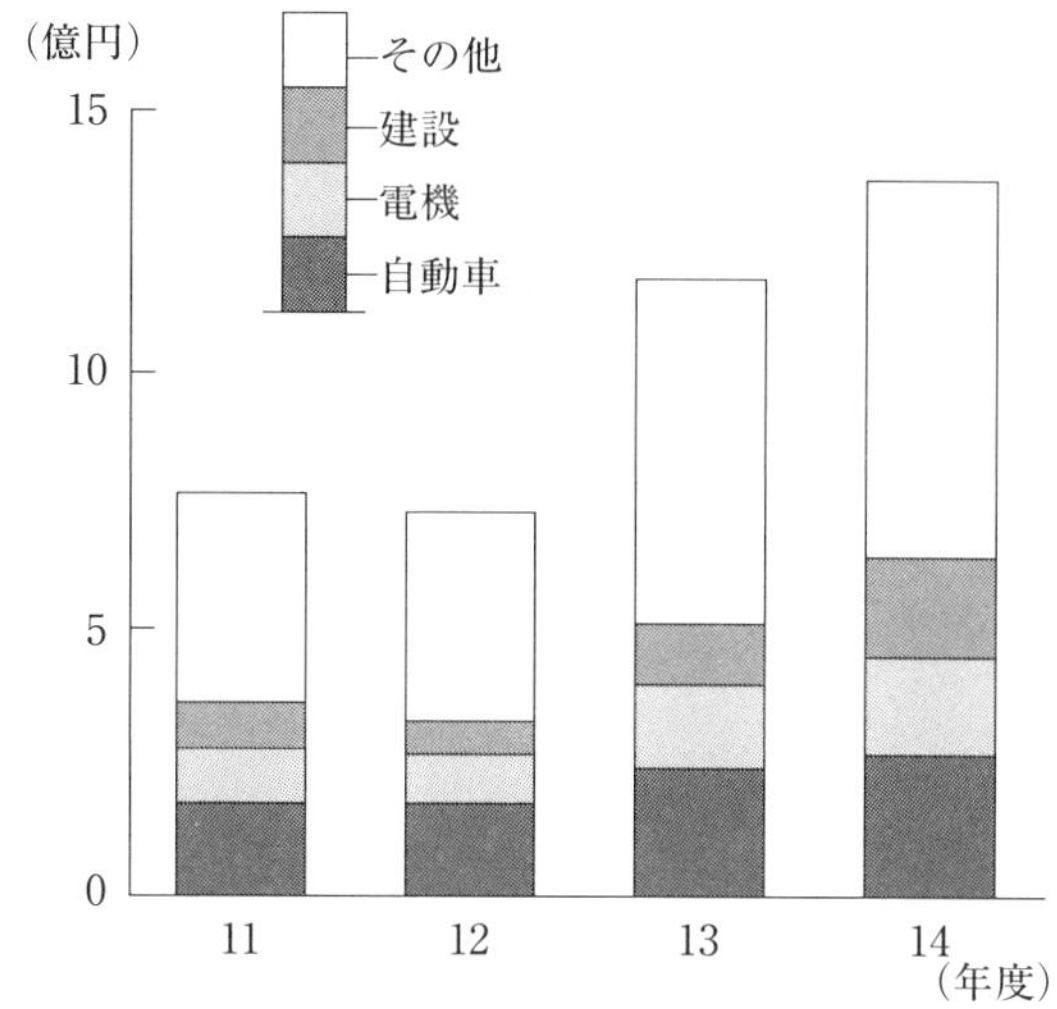

国民政治協会への大口企業献金の総額、朝日新聞調べ。
年間300万円以上の献金をした企業を業界別にまとめた
出所：朝日新聞2016年2月14日付

第6章　アベノミクスの破綻と国民の暮らし

アベノミクス頼みの政権

「私らしく生きる」ためのもっとも基本的な仕組みである憲法と社会保障を、乱暴に攻撃するのが、安倍政権の大きな特徴です。二〇一二年に第二次安倍政権が登場して以来、この安倍政権を支持する理由で最大のものは、「改憲」でも「安保法制」でもTPPでもなく、経済政策（アベノミクス）でした。それも、「経済の向上を期待できそう」だから、という「期待」であり、「景気がよくなりそうだという心理」だったのです。アベノミクスへの幻想こそ支持・投票の最大の理由でしたが、すでに「メッキ」ははがれつつあります。この章では、「私らしく生きること」を妨げるアベノミクスについて、考えてみます。

アベノミクスが具体化されたのは二〇一三年以降で、アベノミクスのもとで最初に年間予算が執行されたのは二〇一三年四月から二〇一四年三月までです。この時点での朝日新聞定例世論調査（二〇一四年三月一五〜一六日）が資料として有用です。政権支持は五〇パーセント、ただ「安倍さんだから」一一パーセント、「自民党政権だから」一八パーセント、「何となく」二〇パーセント。〝安倍晋三だから政権を支持する〟は決して多くありませんでした。

この当時は、「政策の面」を理由に支持するという人が多かったのですが、とはいっても、「社会保障政策」（評価しない四六パーセント、評価する三〇パーセント）、「消費税増税」（反対六八パーセント、賛成二三パーセント）、「原発再開」（反対五九パーセント、賛成二八パーセント）と、主要な政策では、安倍政権に反対の方が賛成より多かったのです。

表１　破綻したアベノミクス

	2010年	2011年	2012年	2013年	2014年	2015年
実質経済成長率	4.7	－0.5	1.7	1.4	－0.03	0.5
家計最終消費支出	3.0	－0.1	2.3	1.6	－1.2	－1.8
民間企業設備投資	0.3	4.1	3.7	－0.5	3.1	1.3
実質賃金指数	1.3	0.1	－0.9	－0.9	－2.8	－0.9
売上高経常利益率（製造業）	3.9	3.7	4.1	5.5	5.9	

資料：実質経済成長率、家計最終消費支出、設備投資は「国民経済統計」、実質賃金指数は「毎月勤労統計調査」、売上高利益率は「法人企業統計」

出所：藤田実「日本資本主義の蓄積基盤の変容と財界戦略・アベノミクス」、労働総研『現代日本の労働と貧困――その現状・原因・対抗策』労働総研クォータリー 2016／17 秋・冬合併号（本の泉社、2016 年）、32 ページ

ただ、アベノミクスで「日本経済が成長することを期待できますか」という問いに対しては、「期待できる」が四五パーセント、「できない」が三七パーセントで、期待するほうが多かったのです。しかし「経済政策（アベノミクス）のもとで暮らしはよくなったか」という問いへは、「よくなった」が五パーセント、「悪くなった」が一六パーセント、「変わらない」が七八パーセントでした。

この当時でさえアベノミクスへの「期待」四五パーセントと「よくなった」五パーセントのギャップが、アベノミクスのまやかしを反映しているといえるでしょう。こうして、アベノミクスへの根拠なき「期待」のみが、安倍政権を支えていたのです。

「評価しない」が上回る

アベノミクスは、安倍政治を進めるに当たって、選挙で国民の支持を得るための「心理学的」手段だったといってよいでしょう。二〇一二年一二月の総選挙から、二〇一三年参議院選挙、二〇一四年総選挙、二〇一六年参議院選挙まで、安倍政権は国民には、アベノミクスで暮らしと景気がよくなり、経済の好循環を実現できる、「この道しかない」などと、もっぱら経済政策・アベノミクスを前

面に出して票を集め議席を得てきました。しかし選挙が終わると、国会では、多数の議席を背景に、集団的自衛権の行使容認など、選挙では公約として正面から国民に提起しなかった国の将来を左右する重大法案を、まともに国会で説明もせず、短時間の審議で次々に強行採決をする、という政治手法を繰り返してきました。

しかも、アベノミクスへの期待は、現実の生活がよくならないどころか、所得減少、消費縮小、税と社会保障負担の増大を経験した多くの国民から、見放されつつあります。大企業寄りの報道で知られる日本経済新聞とテレビ東京の共同世論調査（二〇一五年一一月二五～二七日実施）でも、「アベノミクスを評価する」三八パーセント、「評価しない」四四パーセントで、後者が上回っています。

さらに共同通信の二〇一六年六月一～二日の調査では、安倍政権の成長戦略への「期待」が、二〇一三年参院選当時の調査では六五・〇パーセントだったのが、今回は「見直すべき」が四六・五パーセント、「完全に方向転換すべき」が一一・五パーセントで、五八パーセントが「アベノミクス」の転換・見直しを求めています。

（単位：万人、%、ポイント）

2013	2014	2015	2005→2015	2012→2015	2014→2015
5,201	5,240	5,284	276	130	44
3,294	3,278	3,304	−71	−36	26
1,906	1,962	1,980	346	167	18
36.6	37.4	37.5	4.8	2.3	0.0
2,878	2,889	2,896	32	31	7
2,267	2,259	2,261	−96	−39	2
610	630	634	127	68	4
21.2	21.8	21.9	4.2	2.1	0.1
2,323	2,351	2,388	244	100	37
1,027	1,019	1,042	24	1	23
1,296	1,332	1,345	219	98	13
55.8	56.7	56.3	3.8	1.8	−0.3

平均（速報）冊子版、表１の数値と異なる。「労働力調査」
れたためである。冊子版、表 1 では時系列比較のため、

状・原因・対抗策』、労働総研クォータリー 2016／2017 秋・

図1　主要国の個人消費回復

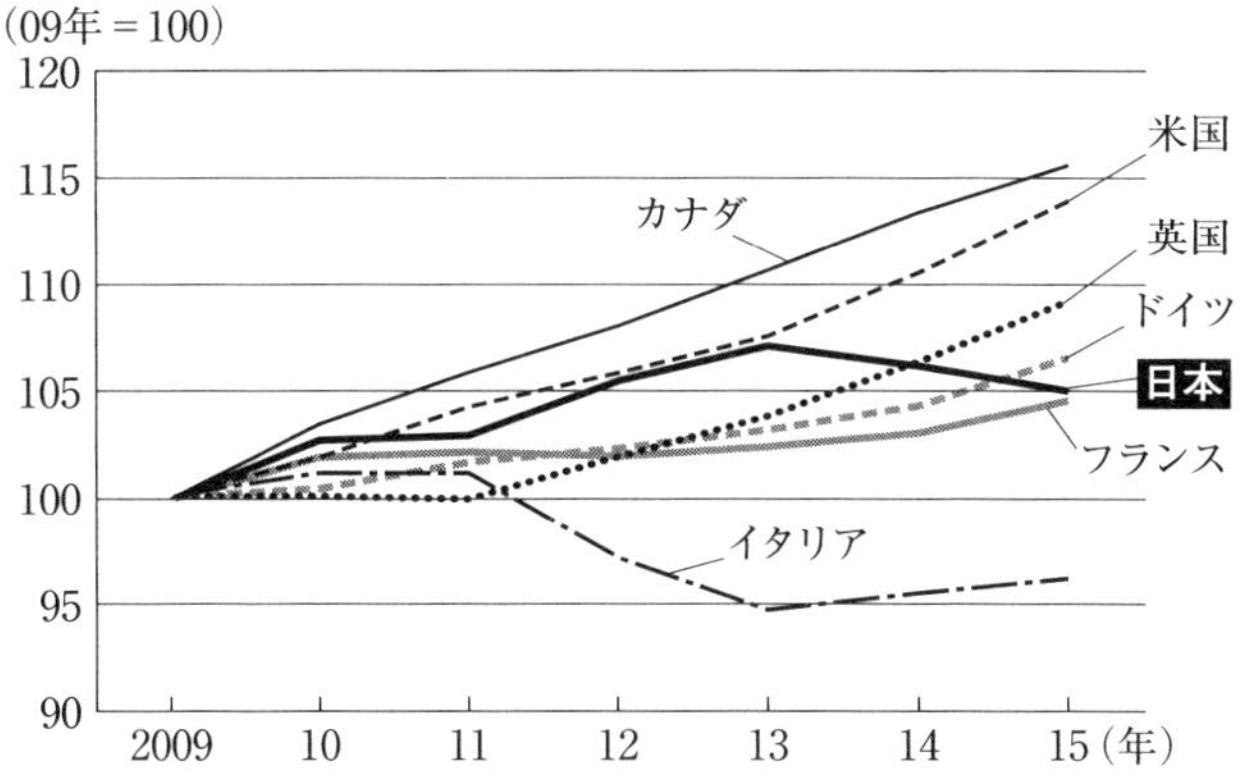

内閣府「世界経済の潮流」2016 I から作成
出所：しんぶん赤旗2016年9月9日付

表2　雇用形態別労働者の推移

	年	2005	2006	2007	2008	2009	2010	2011	2012
男女計	役員を除く雇用者	5,008	5,092	5,185	5,175	5,124	5,138	5,163	5,154
	正規雇用	3,375	3,415	3,449	3,410	3,395	3,374	3,352	3,340
	非正規雇用	1,634	1,678	1,735	1,765	1,727	1,763	1,811	1,813
	非正規比率	32.6	33.0	33.5	34.1	33.7	34.3	35.1	35.2
男性	役員を除く雇用者	2,864	2,897	2,947	2,928	2,874	2,865	2,885	2,865
	正規雇用	2,357	2,378	2,408	2,367	2,345	2,324	2,313	2,300
	非正規雇用	507	519	539	560	527	540	571	566
	非正規比率	17.7	17.9	18.3	19.1	18.3	18.8	19.8	19.8
女性	役員を除く雇用者	2,144	2,195	2,237	2,248	2,250	2,273	2,279	2,288
	正規雇用	1,018	1,036	1,041	1,043	1,050	1,051	1,039	1,041
	非正規雇用	1,126	1,159	1,196	1,205	1,200	1,223	1,241	1,247
	非正規比率	52.5	52.8	53.5	53.6	53.3	53.8	54.5	54.5

(注) 2005 年～ 10 年までの「労働力調査（詳細集計）」の原表の数値は､「労働力調査（詳細集計）」2015 年
2012 年 1 月分より、算出の基礎となるベンチマーク人口が新基準（2010 年国勢調査）に切り替えら
補正が行われている
資料：「労働力調査（詳細集計）」2015 年平均（速報）冊子版、表 1 より作成
出所：伍賀一道「雇用と働き方の貧困化の位相」研究所プロジェクト報告『現代日本の労働と貧困――その現
冬合併号（本の泉社、2016 年）38 ページ

1　アベノミクスはどうなったのか

主要データが示すアベノミクスの破綻の概観

ここでは、主要な経済指標によって、アベノミクスが破綻《はたん》したことを確認しておきます。経済成長が停滞、家計消費が減少、民間設備投資が横ばい、賃金は低下、企業の利益は相当な増加という状態が見えてきます（一三五ページの表1参照）。

日本経済停滞の主な原因は、雇用、所得が低迷し続け、さらに増税が加えられ、年金、医療など社会保障の削減で将来不安が高まり、個人消費がほぼ慢性的に停滞していることにあります。個人消費の低迷は、企業の設備投資や雇用、所得に悪影響を及ぼしています。雇用、所得の停滞を起点とした経済の悪循環構造が現在の日本経済の停滞の中身をなしています。

安倍首相は、「経済の好循環ができた、これを地方にも行き渡らせるのが地方創生だ」などと、事実とは反対のことを強弁していますが、雇用、所得が持続的に改善されない限り、日本経済の再生は期待できません。さらに、日本経済は単に内需が停滞しているだけでなく、設備投資、雇用、所得、消費、生産の連鎖がつながらず、自立的な経済循環構造を維持できず、そのために極めて不安定で弱々しい状況になっています。

図２　第2次安倍晋三政権発足前と比べた実質可処分所得の推移

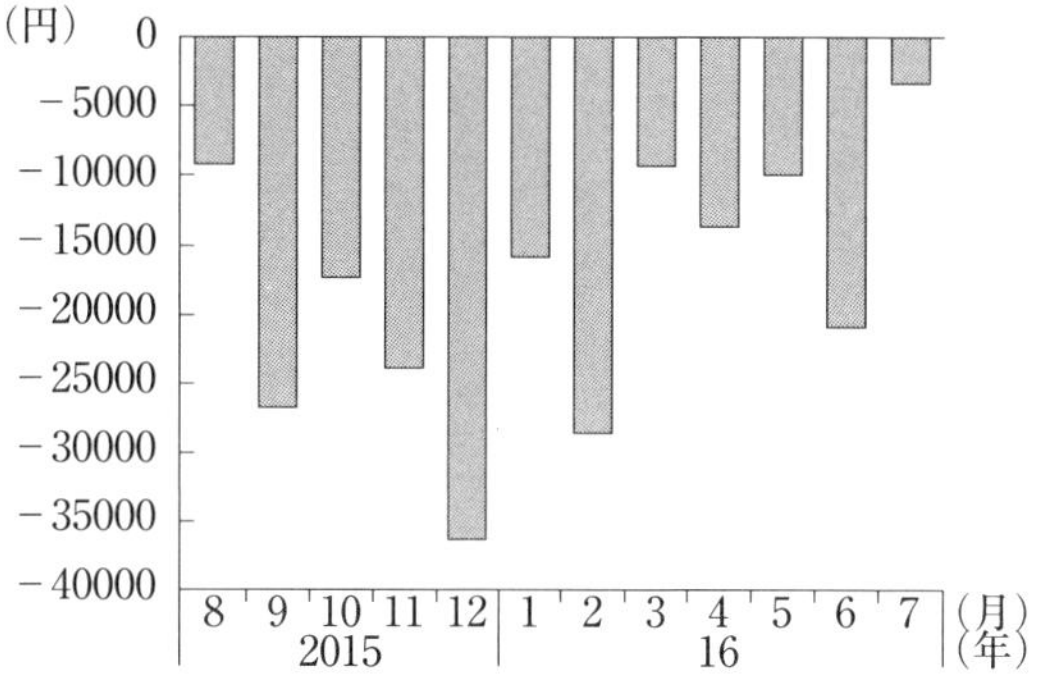

総務省「家計調査」「消費者物価指数」から作成
出所：しんぶん赤旗2016年9月8日付

表３　賃金と生産性の国際比較

（1995年＝100）

年	日本		ユーロ圏		米国	
	一人当たり実質労働生産性	一人当たり実質雇用者報酬	一人当たり実質労働生産性	一人当たり実質雇用者報酬	一人当たり実質労働生産性	一人当たり実質雇用者報酬
1995	100.0	100.0	100.0	100.0	100.0	100.0
96	102.5	100.1	101.4	101.0	102.4	100.7
97	103.4	99.8	102.9	102.0	104.7	102.6
98	102.5	98.9	104.1	102.4	107.9	106.6
99	103.6	98.1	105.2	103.7	111.3	109.0
2000	106.8	98.5	106.8	104.3	113.0	113.1
01	107.5	98.6	107.9	104.7	114.0	114.8
02	109.0	97.9	108.3	105.8	116.4	117.0
03	110.9	97.0	109.3	106.2	118.6	119.8
04	112.8	96.4	110.9	106.6	121.9	121.8
05	113.5	97.0	111.8	106.6	123.8	122.4
06	114.9	96.5	113.6	106.9	124.6	123.9
07	116.9	96.0	114.9	107.5	125.5	125.6
08	116.2	96.2	114.3	108.3	125.9	125.5
09	111.5	95.0	111.1	110.4	126.9	126.7
10	117.2	96.8	113.7	110.4	130.9	127.9
11	116.9	97.9	115.3	109.7	132.2	128.4
12	118.9	97.8	114.9	109.1	133.0	128.8
13	120.1	98.8	115.3	109.1	134.6	129.4
14	119.3	98.5	116.1	109.7	135.6	130.5

（注）ユーロ圏の国は、オーストリア、ベルギー、デンマーク、フィンランド、フランス、ドイツ、ギリシャ、アイルランド、ルクセンブルク、オランダ、ポルトガル、スペイン、スウェーデン、イギリス
資料：厚生労働省「平成27年版　労働経済白書」

消費低迷

一世帯（二人以上）当たり消費支出が実質で前年同月比一五カ月連続減です（総務省「家計調査」二〇一六年一一月）。二〇一六年六月八日内閣府「GDP二次速報」でも低迷が続いています。二〇一六年一〜三月も、閏年効果で前期比〇・六パーセント増ですが、この効果を差し引くと〇・二ポイントしか増えません。名目個人消費マイナス〇・一パーセントです。先進諸国の中でも日本の二〇一三年以来の落ち込みは目立っています。イタリアでも二〇一三年以降はわずかながらも回復傾向にあります（一三七ページの図1参照）。

名目賃金から税・社会保障負担を除いた実質可処分所得は、二〇一五年八月以来、政権発足前を下まわっています（前ページの図2参照）。

雇用悪化――正規が減少・非正規が増大

雇用問題の専門家である伍賀一道氏は、一三六〜一三七ページに示した表2を作成し、雇用形態別労働者の推移を総括的に示しています。二〇一二年には正規労働者三三四〇万人、非正規雇用労働者一八一三万人、非正規率は三五・二パーセントでした。非正規の賃金は、正規の六三パーセントに過ぎません（厚労省、『二〇一四年賃金構造基本統計調査』）。このために、雇用者総数が増えても賃金総額は増えません。

図3　付加価値の行方

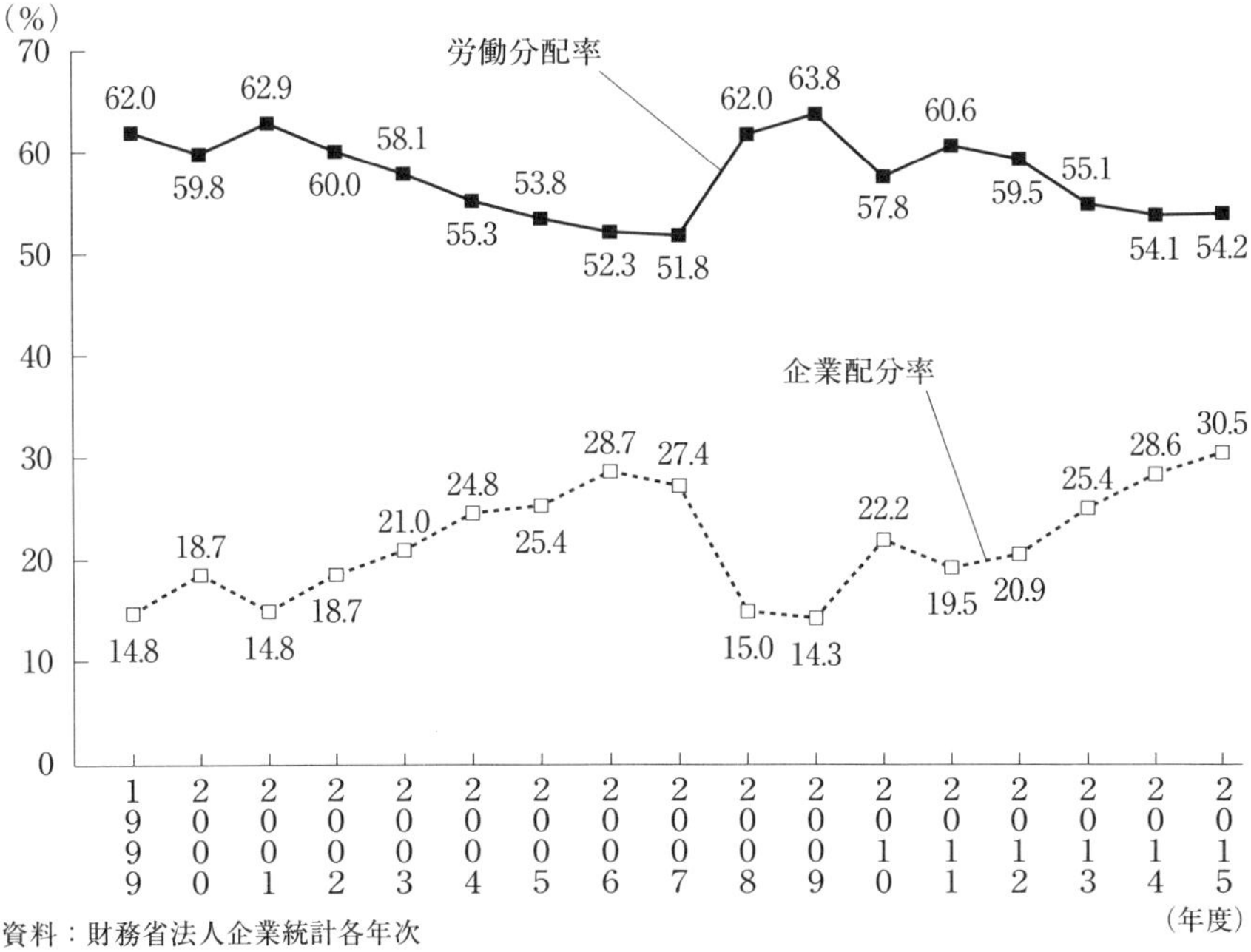

資料：財務省法人企業統計各年次
出所：『2017年国民春闘白書』12ページ

賃金は長期停滞

「賃金と生産性の国際比較」（一三九ページの表3）のように、一九九五年からの二〇年をみると、ユーロ圏やアメリカ圏では賃金が増加したのに、日本の賃金は低下しています。実質賃金（厚労省「毎月勤労統計調査」）は二〇一一年度から二〇一五年度まで連続で減少し、二〇一〇年から五・二パーセント低下です。年収三〇〇万円なら一五万二〇〇〇円の減少です。

また、図3のように、新たにつくり出された付加価値の配分では、一九九九年から二〇一五年の間に資本家側の取り分（企業配分率）が一四・八パーセントから三〇・五パーセントに増え、特に、安倍政権になってからの増加が目立ちます。

配当金受取額		
資産増加額 億円	一株配当金額 円	受取額 億円
1,522.9	350.0	80.5
5,292.3	41.0	94.8
2,149.4	200.0	9.4
665.0	4.5	7.9
282.2	85.0	14.3
592.2	120.0	25.7
−39.2	14.8	0.3
635.5	80.0	19.8
58.5	186.0	2.2
70.0	210.0	9.8

上場企業で株価が比較できる者。

労働者側の取り分（労働分配率）は六二パーセントから五四・二パーセントに低下しています。

設備投資は低調

二〇一五年一〇月三〇日の日銀金融政策決定会合で、財務省出席者は「（最近の企業収益増加等の環境改善が）消費の改善や設備投資に期待していたほどのスピードで結びついていない」と発言しています。国民経済計算統計（総務省、速報、二〇一五年一一月一六日）は、二〇一五年四～六月の設備投資が、対前年比でマイナス一・二パーセント、二〇一五年七～九月にはマイナス一・三パーセントであったと報じています。さらに、日銀全国企業短期経済観測調査：短観（二〇一五年一二月一四日）は、大企業の設備投資計画（二〇一五年度）が前年比一〇・八パーセントと高まったことを確認しましたが、「新たに生産能力

図4　主要国の設備投資回復

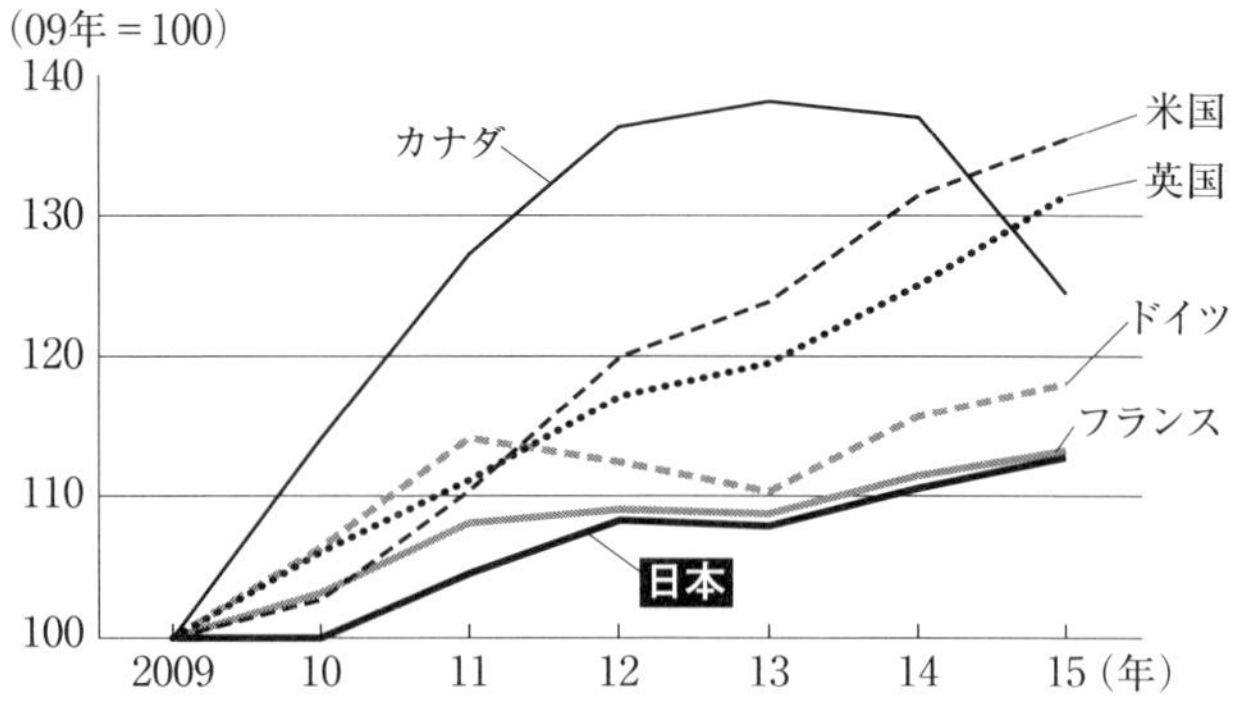

内閣府「世界経済の潮流」2016 I から作成
（イタリアは公共・民間投資を区別できないため非掲載）
出所：しんぶん赤旗2016年9月9日付

表4　アベノミクスで膨れ上がる大株主の金融資産

名前	株式銘柄	保有株数	株価上昇による金融資産の増加額			
			12年 12月株価	16年 7月株価	12年 12月総額	16年 7月総額
		千株	円	円	億円	億円
柳井正	ファーストリテイリング	22,987.0	18,680.0	25,305.0	4,294.0	5,816.9
孫正義	ソフトバンク	231,205.0	2,905.0	5,194.0	6,716.5	12,008.8
滝崎武光	キーエンス	4,688.0	22,930.0	68,780.0	1,075.0	3,224.4
三木谷浩史	楽天	176,155.0	668.0	1,045.5	1,176.7	1,841.7
伊藤雅俊	セブン＆アイＨＤ	16,799.0	2,371.0	4,051.0	398.3	680.5
三木正浩	ＡＢＣマート	21,380.0	3,500.0	6,270.0	748.3	1,340.5
高原慶一朗	ユニ・チャーム	1,854.0	4,170.0	2,056.0	77.3	38.1
永守重信	日本電産	24,736.0	4,550.0	7,119.0	1,125.5	1,761.0
重田康光	光通信	1,198.0	3,280.0	8,160.0	39.3	97.8
豊田章男	トヨタ自動車	4,650.0	3,460.0	4,965.0	160.9	230.9

（注1）主な株主は、米国経済誌「フォーブス」2016年版の世界長者番付（日本の富豪50人）を基本に、
（注2）株価は、第2次安倍政権発足時の2012年12月と2016年7月のそれぞれ安値。
資料：各社「有価証券報告書」より労働総研作成
出所：『2017年国民春闘白書』17ページ

図5　利益の年次推移

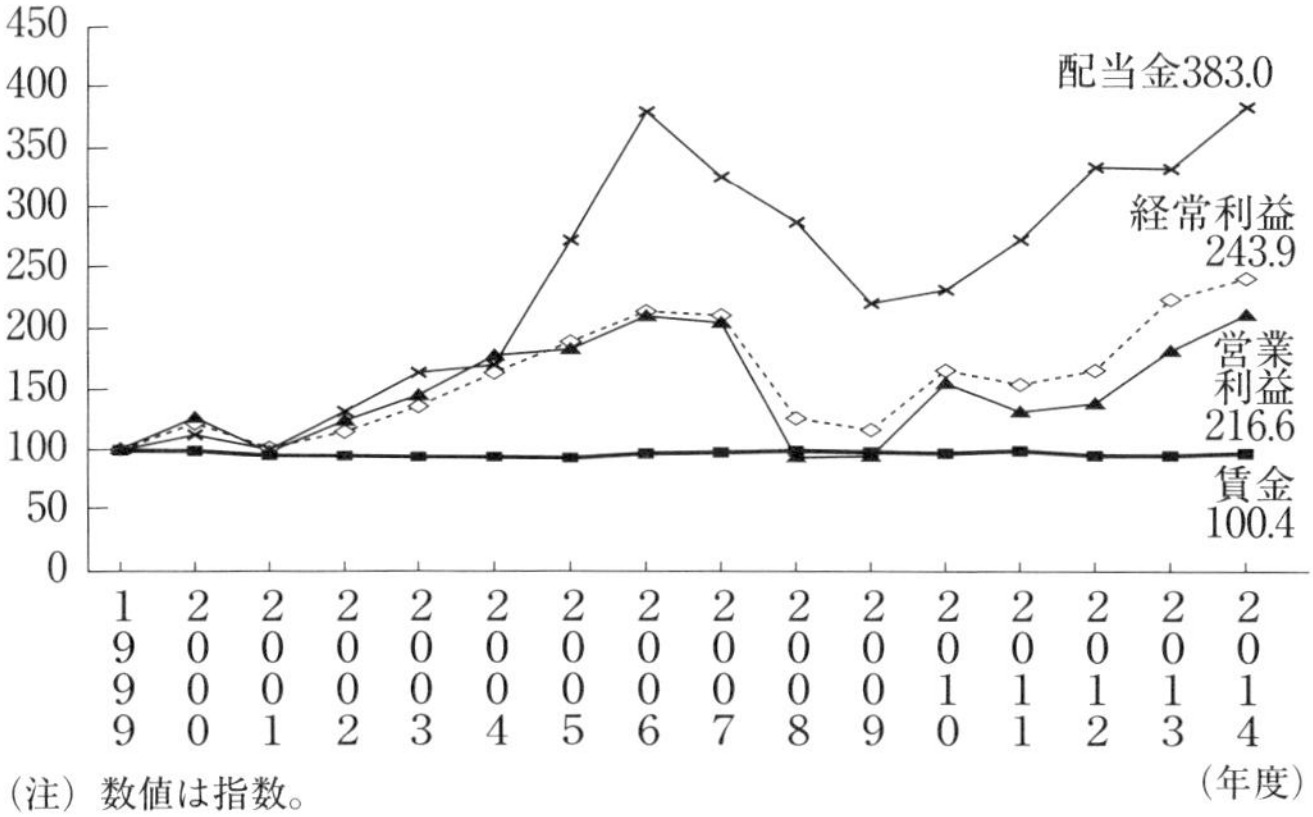

（注）数値は指数。
資料：財務省「法人企業統計」各年度版
出所：『2017年国民春闘白書』12ページ

を増すより既存施設の維持や更新が中心とみられる」（日本経済新聞二〇一五年一二月一五日付）のであり、本格的な設備投資にはなっていません。図4のように、主要国では日本

表5　役員報酬ランキングと、従業員との年収格差

順位	氏名	企業名	報酬総額 百万円	時間給換算 万円	従業員年収比 倍	従業員平均年収 万円	非正規雇用率 %
1	ニケシュ・アローラ	ソフトバンクグループ	6,478	291.6	556.4	1164.3	10%未満
2	ロナルド・フィシャー	ソフトバンクグループ	2,096	94.4	180.0	1164.3	10%未満
3	大西通義	アオイ電子	1,168	52.6	265.5	439.9	7.6
4	カルロス・ゴーン	日産自動車	1,071	48.2	134.7	795.0	13.7
5	岡田和生	ユニバーサルエンターテインメント	948	42.7	141.3	670.9	7.6
6	クリストフ・ウェバー	武田薬品工業	905	40.7	94.3	959.6	10%未満
7	ジョン・ドメ	日立製作所	900	40.5	103.6	868.6	10%未満
8	平井一夫	ソニー	794	35.7	84.9	935.5	10%未満
9	三津原博	日本調剤	737	33.2	132.5	556.1	25.2
10	ロジャー・バーネット	シャクリー・グローバル・グループ	734	33.0	–	–	–

（注1）役職は関連会社の役職を含む。
（注2）シャクリー・グローバル・グループ社は純粋持ち株会社のため従業員数はゼロ。
資料：東京商工リサーチ「2016年3月期決算・上場企業『役員報酬1億円以上開示企業』調書」
出所：『2017年国民春闘白書』17ページ

の設備投資回復がいちばん遅れています。

内部留保は激増、配当金と役員報酬が最も増加

財務省法人企業統計（二〇一五年一二月一日発表）では、内部留保（資本金一〇億円以上）が二〇一〇年に七～九月期の二六三・二兆円から二〇一五年度は三七七兆円に増加しました。安倍政権のもとで一〇四兆円積み増しました（全企業では五七九兆円に）。

また、利益の分配状況をみると、図5、表4、表5のように、株主（主に海外投資家と法人投資家）と役員に有利な利益分配です。

アベノミクスは第四の矢「社会保障改悪」と第五の矢「消費税増税」が本音

アベノミクスについて安倍首相は、「三本の矢」といってきました。「第一の矢」の金融緩和は、二〇〇一年三月から〇六年三月まで、日本銀行が、世界に先駆けて量的金融緩和政策を実施したものです。二〇〇八年のリーマンショックを経て、二〇一〇年、日銀に基金をつくって、国債や有価証券を買い入れる包括的金融緩和政策を実施しました。当初の三五兆円から、一二年末ごろには一〇〇兆円までに目標を上げても経済活性化の効果がなく、第二次安倍政権発足のころには、すでに「折れた矢」になっていたのです。「第二の矢」の財政出動は、九〇年代以降、継続的に実施されましたが、効果がなかったのは周知の通りです。「第三の矢」の成長戦略も小泉政権時代と同じで、まったく新味は出ませんでした。

一方、第二次安倍政権発足の二カ月後、最初の経済財政諮問会議（二〇一三年二月二八日）で「アベノミクス」が初めて議論されたとき、四人の民間議員が、「緊急経済対策」による歳出増などに伴い、二〇一二年度および二〇一三年度は、国・地方の財政状況は悪化する、という見込みであり、「財政の健全化のためにあらゆる分野での歳出見直しを進めるべきだ」と提

図6　アベノミクスの全体構成

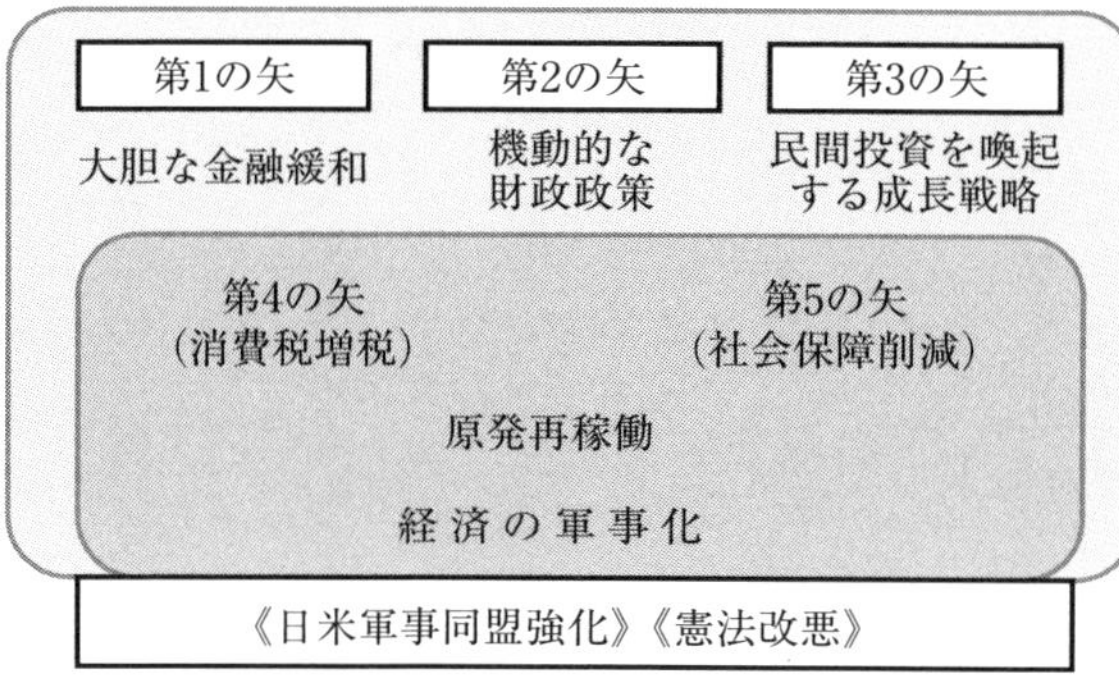

出所：友寄英隆「アベノミクスの国民的総括」、牧野富夫編著『アベノミクス崩壊』新日本出版社、2015年、40ページ

言しました。特に「今後二〜三年は社会保障部門が歳出効率化の本丸」と指摘し、具体的には、医療をはじめ社会保障給付削減を強力に進めることを強調しました。「アベノミクス第四の矢」は社会保障の削減だと日本経済新聞二〇一三年二月一七日付が報じたのは、ある意味で正しかったのです。

また、社会保障拡充のためという厚顔無恥な論法で消費税を大幅増税（第五の矢）することは、アベノミクス全体の土台です。この土台である消費税増税（一〇パーセントへの引き上げ）が、二度の延長を余儀なくされていることは、これ自体で、アベノミクスの失敗・破綻を意味します（前ページの図6参照）。

2　安倍政権のめざしたもの

安倍首相のアベノミクスなるものは、このようにいろいろな意味で悲惨な事態となりました。では、そもそも彼が、政権復帰以来、なぜこのような道を歩んだのかを考えておきましょう。

日本政治へのアメリカの要望

アメリカの戦略国際問題研究所は、リチャード・アーミテージ元国務副長官、ジョセフ・ナイ・ハーバード大学教授（元国防次官補）を共同座長とし一〇名で構成する知日派有識者グループが作成した報告書〝The U.S.-Japan Alliance：Anchoring Stability in Asia〟を二〇一二年八月（第二次安倍内閣発足の数カ月前）に発表しました。二〇〇〇年、二〇〇七年に続く第三次報告書です。

二〇〇七年は第一次安倍政権が崩壊した年、その後、福田、麻生、鳩山、菅、野田と、一年ごとに首相が替わる、「二流国」の政治が続きました。六人の首相が六年間に交代する、という実情への、アメリカ・知日派からの「友情ある説得」あるいは「恫喝《どうかつ》を伴う説得」が「第三次アーミテージ・ナイ報告書」です。

報告書の核心は、次の部分に集約されています。「（アジアに安定を定着させることができるような）同盟が存在するためには、米国と日本が一流国家の視点をもち、一流国家として振舞うことが必要であろう。我々の見解では、一流国家とは、経済力、軍事力、グローバルな視野、そして国際的な懸念に関して実証された指導力をもつ国家である。同盟の支援に関して米国側に改善点はあるが、米国が一流国家であり続けることには寸分の疑いもない。しかしながら、日本には決定しなければならないことがある。つまり、日本は一流国家であり続けたいのか、それとも二流国家に成り下がって構わないのか？　日本の国民と政府が二流のステータスに甘んじるなら、この報告書は不要であろう。この同盟に関する我々の評価と推奨事項は、日本が大きな貢献を果たせる世界の舞台で完全なパートナーであることに依拠している」

安倍首相の答え――「大国」を目指す

二〇一二年一二月の総選挙で勝利し、首相に返り咲いた安倍晋三は、「第三次報告書」を自らの政治的指南の書とし、「一流国」をめざしました。「一流国」は「大国」でもあります。安倍的にいえば、日本を、アメリカという世界を仕切る超大国の親分の下で、アジアを仕切れる代貸的「大国」にしようということです。対米従属下の、「アメリカのポチ」としての「大国」です。

安倍首相は首相再任後の二〇一三年二月二二日に、米戦略国際問題研究所で「日本は戻ってきました」と題する演説をしています。そこでは、アーミテージとナイに感謝の辞を述べた上で、「日本は今もこれからも二級国家にはなりません」（『日本の決意』新潮社、二〇一四年四月、一三ページ）、「経済において強く、そして国の守りにおいて強くなければならないのです」（一六ページ）と、アーミテージ、ナイ両氏の目の前で、約束したのです。

前者に対応するのが、憲法の上にアメリカ型経営を置くTPPの成立に狂奔するようなアベノミクスであり、後者に対応するのが、「安保法制」（戦争法）であることはいうまでもありません。

天皇を戴く「軍事的・経済的大国」と「美しい国」

安倍晋三という政治家の「信条」は、日本を「天皇を元首に戴《いただ》く、戦争ができる国家」にすることです。彼にとって日本は、「軍事大国」であり、大企業という死の商人が「活躍できる国」であり、「天皇を戴く神の国」であり、基盤としての「経済大国」でなければならないのです。

こうした「信条」に近づくためには何でもする、というのが安倍首相の政治的手法なのです。唯一の客観的条件は、選挙で票を集めること、議席を得ることなのです。きわめて危険なポピュリスト（機会主義者、大衆扇動者、独裁者という混合的内容を持つ）というべきでしょう。

安倍政権を支える三本柱（日本の大企業、アメリカの政財界、靖国派＝日本の右翼的国家主義諸団体）は、一枚岩ではありません。具体的には、二〇一三年に安倍首相が靖国神社を参拝した時に、アメリカ政府から厳しい批判がなされました（首相の資質が疑われる＝米国務省関係者の発言）。アメリカと対等になる、あるいはアメリカを乗り越えて『日本よ、世界の真ん中で咲き誇れ』（安倍晋三、百田尚樹著、文春新書、二〇一三年）などと語ることは、アメリカにとっては許し難いものであり、安倍首相自身もそれを理解していることは、安保法制やＴＰＰ承認、沖縄への新米軍基地建設などの強行にみられる、同首相のすさまじい対米従属ぶりからもよくわかります。

また、財界が安倍首相の過度の「中国刺激」に対しては反対するという齟齬《そご》もしばしば現れます。安倍氏は、自分の〝情念・信条〟を振りかざし、自民党内でも摩擦を引き起こしています。〝一強〟という現状、マスメディア支配の実情のもとでは、こうした齟齬・矛盾は隠蔽《いんぺい》され大きくは報じられませんが、対米、対中関係での極右（フランスの新聞フィガロは安倍氏を極右と表現している）的対応が目立てば、アメリカも日本の財界も、いつでも安倍首相を他の人物にすげ替えるでしょう。

大前提の揺らぎ

アベノミクスの前提になっているのは、経済政策思想としてのトリクルダウン論、さらにその前提としてのグローバル経済肯定・万能論です。政権が比較的思うままに動かせる実際的政策手段が日銀の金融緩和です。

しかし、アベノミクスの前提が揺らいでいます。以下にみるように、経済のグローバル化の行き詰まり、トリクルダウンに対するＯＥＣＤからの根本的批判、日銀金融緩和に日銀内部からも財界からも批判が出てきたこと、新自由主義路線に反対する有力な経営者が出てきたこと、などなどです。

そもそも一九九四年の舞浜会議を分岐点とする日本の企業経営の新自由主義への大転換は、「グローバル化が不可欠であり、大企業に利益をもたらす唯一の大道である」という発想からのものでした。その上に立って、雇用から中小企業政策から、農業政策から、大学政策から、教育政策から、社会保障政策まで、日本のこれまでの「社会的ルール」を「規制緩和」という「ルール破り」によって破壊し、グローバル化に相応しく大規模に造りなおすことを「正義」とみなし、政官財一体となって実施し、これを「構造改革」と称したのです。

グローバル化への疑問、トリクルダウン経済論への総決算的批判

国際的に権威を持つイギリスの経済専門紙フィナンシャル・タイムズの二〇一六年九月七日号に、経済解説主幹マーティン・ウルフが現在の経済グローバル化は失敗だったとして、「グローバル化の流れが止まり、一部では流れが逆行している」「グローバル化はもはや世界経済の成長のけん引役ではなくなった」し、「なにより、欧米の一般市民の多くが、貿易拡大がもはや自分たちの利益になるとは信じていないのだ。所得格差が広がり実質所得も増えていないことが数字で示され、安い輸入品の増加を背景に保護主義的な政策が増えていることで、グローバル化への懐疑論が勢いづいている」。「そもそも、グローバル化のもたらす利益が、とりわけ主要先進国で確実に平等に分配されるような仕組みがなかったことが、大きな失敗だった」というのです。

アベノミクスが立脚している経済政策思想は、トリクルダウン経済（Trickle-down economics）です。これは、大企業が潤えば、中小零細企業にも、労働者にも、その余りがしたたり落ちて、結局は国民全

てに恩恵が及ぶという「おこぼれ経済」論です。この政策思想は、一九八〇年代のイギリスのサッチャー首相やアメリカのレーガン大統領以来の新自由主義経済政策の基本的考え方ですが、二〇一四年一二月九日に「経済開発協力機構（ＯＥＣＤ）」から、「Focus on Inequality and Growth」という報告が出され、大企業の成長の恩恵が自然にしたたり落ちることはなく、この政策が所得格差をもたらしたと批判しています。この報告書は、世界各地で共感をもって受け止められています。アベノミクスのような経済政策は、もはや国際的にも時代遅れなのです。

この報告書は統計分析に基づいて次のような結論を導いています。

①ＯＥＣＤ加盟諸国の大半で、過去三〇年の間に富裕層と貧困層の格差が最大になった。一九八〇年代は七倍だったのが、二〇一一年には九・五倍になった。

②ジニ係数（不平等の程度を示す数値。ゼロに近いほど平等であり、一に近いほど不平等。数値が大きいほど格差が大きい）も拡大した。一九八〇年代半ばには〇・二九だったが二〇一一／一二年には〇・三一に上昇した。

③ジニ係数が〇・〇三拡大するとＯＥＣＤ諸国の経済成長率は、二五年間（一九九〇年から二〇一五年）毎年〇・三五パーセントずつ低下し、ＧＤＰ（国内総生産）が累積で八・五パーセント減少する。

④格差の拡大は人的資源の蓄積を阻害する。このことが成長を押し下げる主因である。

⑤成長の恩恵は自動的には社会全体に波及しない（トリクルダウンを否定）。

⑥格差の抑制や逆転を促す政策は、社会の公平化につながるばかりではなく、社会全体の富裕化にも繋がりうるのである。

⑦租税政策や移転政策による格差への取り組みは、適切な政策設計の下で実施される限り、成長を阻害しない。

⑧質の高い教育や職業訓練、保健医療などの公共サービスへのアクセス拡大も、長い目で見れば、機会均等化を進めるための長期的な社会的投資なのである。

アメリカの有力経済紙ウォールストリート・ジャーナルは、OECD報告書の内容を忠実に報道しつつ、「一部の北欧諸国での格差はOECD平均を大幅に下回り、例えばスウェーデンでは六・三倍だったが、英国では九・六倍、米国では一六・五倍だった」と報じました（二〇一四年一二月九日付）。またイギリスの高級紙ガーディアンは、「富の格差がどのように経済成長を抑制するかが判明」という見出しで、この報告書を大きく報道し、「OECD報告書は、トリクルダウン経済（Trickle-down economics）――巨大な影響を、統計的に否定的な影響を、所得格差にもたらしたことで知られる――を否定した」と述べています（二〇一四年一二月九日付）。

財界からも異常な金融緩和への疑問

日銀の異次元の金融緩和については、安倍政権下でこの政策が始まった二〇一三年以来、四年以上たった時点でも、「二年程度で物価上昇率二パーセントを目指す」（＝デフレから脱出してインフレ状態を「政治的」「人為的」につくり出す）という大義名分・戦略目標は実現できていません。二〇一六年九月二〇～二一日開催の「金融政策決定会合」では、「二年程度」を撤回し、達成期限は明示しないことになりました。これだけでも「黒田バズーカ」と称される、「禁じ手」連発の金融緩和政策は失敗したことが明らかです。

しかも、二〇一五年までは円安・株高で大儲けした財界からも、今度のマイナス金利政策へは異論が続出しています。榊原定征日本経団連会長は二〇一六年九月九日、仙台市で記者会見し、日銀の金融政策について「物価上昇率目標をなぜ達成できていないのか。日銀はしっかり検証してほしい」「期待された投資を活性化させる大きな効果はでていない」と述べました。二〇一六年八月三〇日に小林喜光・経済同友会代表幹事は「これ以上深みに入るのだけはやめてほしい」と記者会見で語りました。三村明夫・日本商工会議所会頭は、二〇一六年一月の年頭の会見で「これ以上の金融緩和が本当にいいかどうか、疑問なしとしない」と疑問を投げかけました。

有力経営者からの新自由主義批判

新自由主義路線への疑問も有力な経営者から出ています。大山健太郎・アイリスオーヤマ社長は、「私はかねて経営判断で『本質的、多面的、長期的』であることを心がけている。経営学や経済論壇は米国製の資本主義を見ならえと説く。……私は日本企業は日本型経営の良さを捨てるべきではないと思う。相手を尊重し、共助の精神を持ち自然とも共生するのが本来の日本のビジネスだ」（「私の履歴書」三一回、日本経済新聞二〇一六年三月三一日付）。

日本資本主義の蓄積構造・方法を大きく変えた「今井・宮内論争」の当事者である今井敬・元経団連会長・新日鐵社長は、二〇一五年に、次のように書いています。

「長年企業経営に携わってきたわたしには、こんな企業観が宿っている。『企業は社会的存在であり、社会的責任を果たすことが企業の責務である。』企業は独立した存在ではなく、あくまでも社会の一員として存在するもので、社会との接点を常に自覚しなければならない。企業経営には私益だけでなく国益という視点が不可欠である。そんな企業観に基づくと、最近の日本企業のあり方には疑問を感じざるを得ない面もある。米国発の悪い資本主義が台頭し、企業はもうければいいという自己本位の経営がまん延。自らの企業活動を通じて社会にどのように貢献できるのかという企業本来の責務が忘れ去られている。例を挙げれば、労働者派遣をめぐる企業側のスタンスだ。経団連をはじめ経済界は、労働移動自由拡大を求め労働者派遣法を後押ししてきたがわたしは賛成しかねている。なぜなら、企業にとってもっとも重要なのが『人』であるからだ。正規社員が減少し、非正規社員が増加することは社会にとって正常な姿とは言えない。企業が労働移動の自由を説くこと自体、『社会的責任』を放棄したことと同義である。わたしは、日本が低迷した理由のひとつが非正規問題にあると考えている。非正規という不安定な立場では将来の人生設計を描くことができず、晩婚化や少子化の要因になっている。この問題に真《しん》摯《し》に取り組まなければ、希望ある日本の将来はないだろう。」（日刊工業新聞二〇一五年一一月一一日付）

「今井・宮内論争」のうち、宮内氏の主張は、その後の新自由主義的経済政策や構造改革路線として、広く知られることになりますが、今井氏の主張は引用した内容で、大要は理解できます。今井氏の主張は、妥当なものといわざるをえません。

「新三本の矢」は目くらまし

自民党は、「安保法案＝戦争法」を強行採決した二〇一五年九月一九日の後、九月二四日に両院議員総会を開き、安倍首相の自民党総裁としての再選を正式に承認しました。安倍首相は午後六時から会見を行い、「アベノミクス第二ステージ」として引き続き経済最優先で取り組む考えを強調し、⑴国内総生産（GDP）六〇〇兆円の達成、⑵子育て支援拡充（希望出生率一・八実現）、⑶社会保障改革（介護離職者ゼロ）という「新三本の矢」を打ち出しました。

「新三本の矢」に関しては、実現性に乏しいこと、財源が示されていないこと、最初の「三本の矢」が失敗したことについての総括がないことが、財界寄りのメディアを含めて、各方面から批判されています。「新三本の矢」は、「戦争法」強行採決への怒りと、「アベノミクス」失敗を覆い隠すもの、支持率回復を狙う目くらまし、という見方で共通しています（新三本の矢に対する筆者のコメントが、しんぶん赤旗二〇一五年一〇月六日付に掲載されています）。

自民党政治の劣化

これと似たようなことが一九六〇年にも起きました。岸信介内閣が日米安保条約の改定を強行し、国民の強い批判を浴びて倒れ、代わって自民党内の別の派閥から出た池田勇人首相は所得倍増計画を打ち出しました。安保・政治の岸から、所得倍増・経済・寛容と忍耐の池田へと、「タカ」と「ハト」、「硬」と「軟」を切り替えて国民の目をくらませたのです。

安倍内閣も、強行採決を連発する「強面《こわもて》」「改憲」「戦争」「きな臭い」といったイメージを、「GDP六〇〇兆円」「出生率アップ」「介護離職ゼロ」をめざす「経済優先」のイメージに切り替えようとしています。まさに岸から池田への交代を思わせます。ところが大きな違いがあります。一九六〇年には同じ自民党の中でも別の派閥、別の顔に交代して政権を維持したのですが、いまは自民党にはそういう余裕がないのです。総裁選挙でも安倍氏以外の対立候補を出さないように圧力をかける始末です。これは自民党の劣化、弱さの現れです。

二〇一五年九月の戦争法強行採決後は、国会すら開かず、ひたすら国民の怒りをやり過ごすために、「新三本の矢」などを前面に出しましたが、参院選挙を前にした二〇一六年初頭には、安倍総理の改憲前のめりが目立ちました。しかし、参院選では、もっぱら「アベノミクスの成果」を強調し、「アベノミクスによる成長のエンジンを強力にふかす」という議論を前面に掲げて、票を集めました。

金融緩和を進めるための強引な日銀総裁人事

第二次安倍政権は、極端な金融緩和をアベノミクスの「第一の矢」としました。この方針を進めるために、政府は「日銀法の改正」という脅し文句も使って日銀に圧力をかけ、二〇一三年一月に政府と日銀は、「消費者物価上昇率二パーセントを目標にして量的金融緩和を行う」という「共同声明」を発表しました。このために白川総裁は任期を残して二月に辞任し、三月に、これまで日銀を徹底して批判してきた黒田東彦氏が総裁、岩田規久男氏が副総裁に任命されました。海外からも、「敵対的乗っ取りだ」「中央銀行の独立性が破壊されたのではないか」と批判された出来事です。

もともと中央銀行は、時の政府のいいなりになっていては金融政策が歪められるので、その独立性が認められ、日本でも一九九八年日銀法改正で、独立性がそれまで以上に保障されるようになりました。それを、政権の介入で、日銀批判の人物二人を総裁・副総裁に送り込んだというのは異常事態です。政府と行政機関のあり方を破壊するもので、これ自体、政治の劣化です。

コラム　安倍政権の手法としての人事権乱用

人事権を乱用して、政権の思うような行政を進めるのは、安倍政権の手法です。二〇一三年八月には、内閣法制局長官に、これまでの慣例を破って、外務官僚で集団的自衛権行使容認の小松一郎氏を据え、集団的自衛権の行使容認を認めさせました。

二〇一三年一〇月には、安倍首相の「お友だち」五人をNHKの経営委員会に送り込み、二〇一四年一月二五日に、安倍政権に近い籾井勝人氏（元三井物産副社長）を会長に据えました。彼は、会長就任記者会見時に、竹島問題・尖閣諸島問題への質問に対して、「日本の立場を国際放送で明確に発信していく、国際放送とはそういうもの。政府が『右』と言っているのに我々が『左』と言うわけにはいかない」と答えました。

これは、公共放送が、国民の負担に支えられ、国民の立場から公正な報道を行うものであることを、まったく理解しないものでした。国民から集めた視聴料を使って、政権のいうことを鵜呑みにして報道するというのですから、戦前の「大本営発表」を、そのまま伝えたNHKに変質させるための人事です。

しかし、視聴者やNHK関係者の強い批判を受けて、籾井会長はNHKの次期会長に選ばれませんでした。

図7　内需の正常な波及・循環図

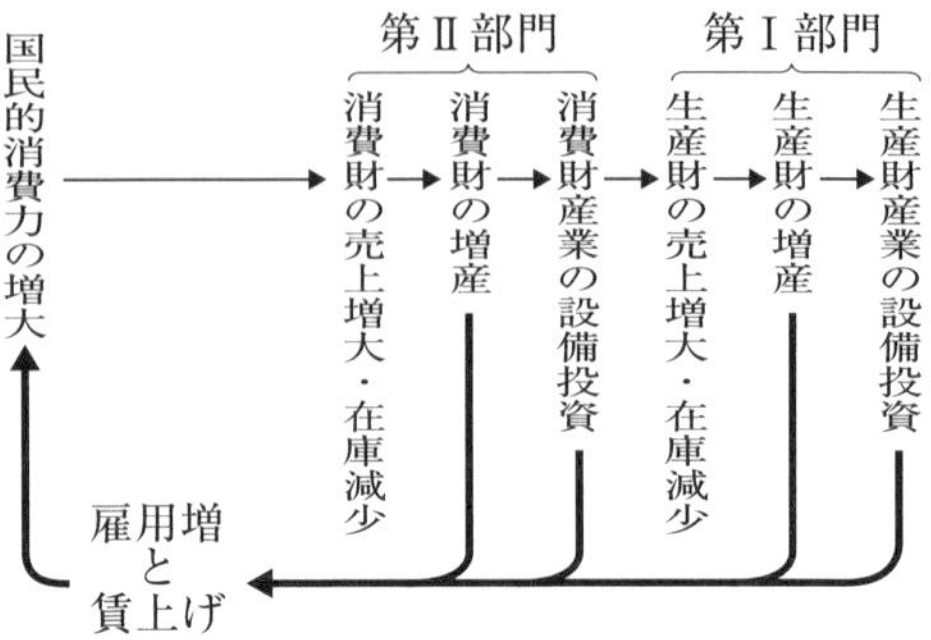

出所：林直道「憲法は日本経済発展の力——『基本的人権の保障』と『戦争放棄』を中心に」、『経済』2014年8月号59ページ

経済の好循環とは——個人消費の充実が起点に

安倍首相は、アベノミクスが成功し、経済の好循環が回り始めたと強弁しています。経済と暮らしがよいということは、国民の消費力が向上し、衣食住や社会保障などの消費財の売上・利用が増大し、消費財の生産が増大し、この消費財を作るために用いられる機械などへの設備投資が向上し、こうした設備を作る生産財生産部門の設備投資も向上し生産も拡大し、雇用も上昇する、という循環が回ることです（図7参照）。雇用が増え、労働者の所得、中小企業への発注、労働者（と家族）の消費、消費財産業の設備投資、生産財の増産、生産財の設備投資、雇用と賃上げ、中小企業への発注……という経済循環の連鎖がつながり、まわることが、経済の好循環です。

六〇年代後半以降の輸出の増大は、国内設備投資や雇用の拡大をさらに刺激し、内需と輸出の拡大が絡み合って高度経済成長をもたらしたのです。輸出主導型経済の場合は、外需依存という不安定さがありますが、輸出が増えれば、国内生産が増加するので、設備投資も消費も増加し、一定の「安定的な」経済循環を構築することができます。

ある部門での設備投資は、設備を供給する機械部門に需要をもたらし、機械生産の増大は機械製造の原材料や部品生産部門に需要をもたらすなど、関連部門に需要を次々と波及させ、多くの部門で需要を

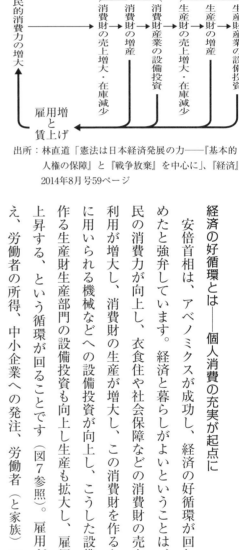

創出します。そして設備投資が産業連関を通じて次々と波及していく過程で、雇用も増大し、したがって賃金も増加します。賃金の増加は、消費を拡大するので、消費財の需要を増加させ、消費財の需要の増加は、消費財の生産を拡大するので、消費財部門の設備投資を刺激します。消費財部門で設備投資が活発になれば、それは機械などを生産する生産財部門の生産を拡大させます。こうして設備投資を軸に、経済活動は累増的に活発化し、景気は拡大していったのです（藤田実「日本資本主義の蓄積基盤の変容と財界戦略・アベノミクス」、労働運動総合研究所『現代日本の労働と貧困――その現状・原因・対抗策』、労働総研クォータリー二〇一六／二〇一七秋・冬合併号、本の泉社、二〇一六年、一二三ページ）。

経済のグローバル化――海外生産と対外直接投資の増加

しかし、一九九〇年代半ばから、国際的な経済のグローバル化の波に乗った日本の大企業は、二〇〇〇年代の小泉政権による新自由主義的経済政策を追い風として、特に二〇〇八年のリーマンショックの後に大きくその蓄積構造を転換します。

対外直接投資の増加による海外生産比率と海外設備投資比率の増加は、投資需要の流出、すなわち経済の起動因が海外に流出しているということを意味しています（次ページの図8）。またグローバル企業は海外投資によって収益を確保しても、それをグローバルな観点で再投資することになるので、必ずしも国内の設備投資の拡大に結びつくわけではないのです。

さらに、日本の資本蓄積は、生産物の輸出が輸入よりも多いという（貿易収支が黒字）、「モノ」を作り、それを外国に売って利益をあげるというやり方から、変わってしまいました。外国に対する資本投

図８　海外設備投資比率

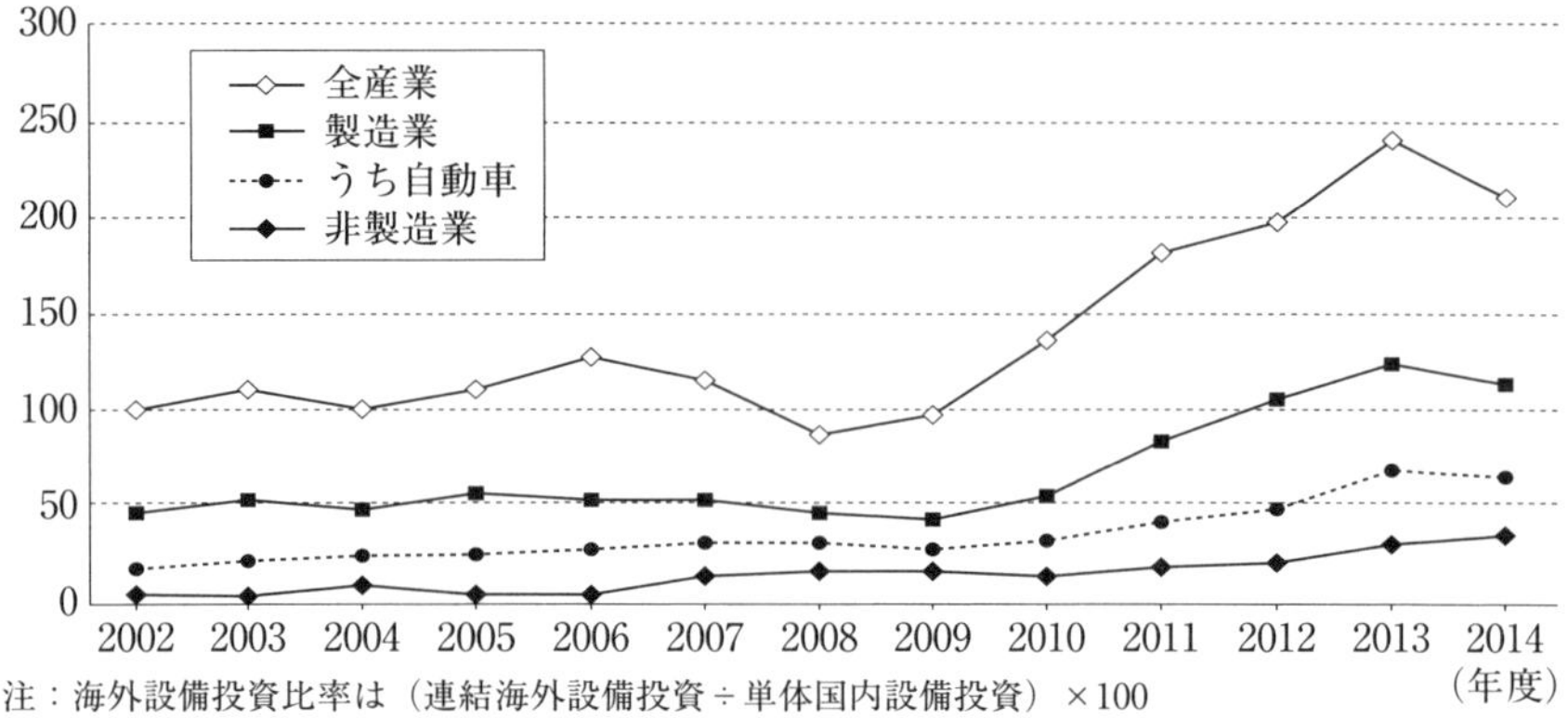

注：海外設備投資比率は（連結海外設備投資÷単体国内設備投資）×100
資料：日本政策投資銀行「設備投資計画調査」
出所：藤田実前掲論文22ページ

図９　貿易収支と所得収支の逆転

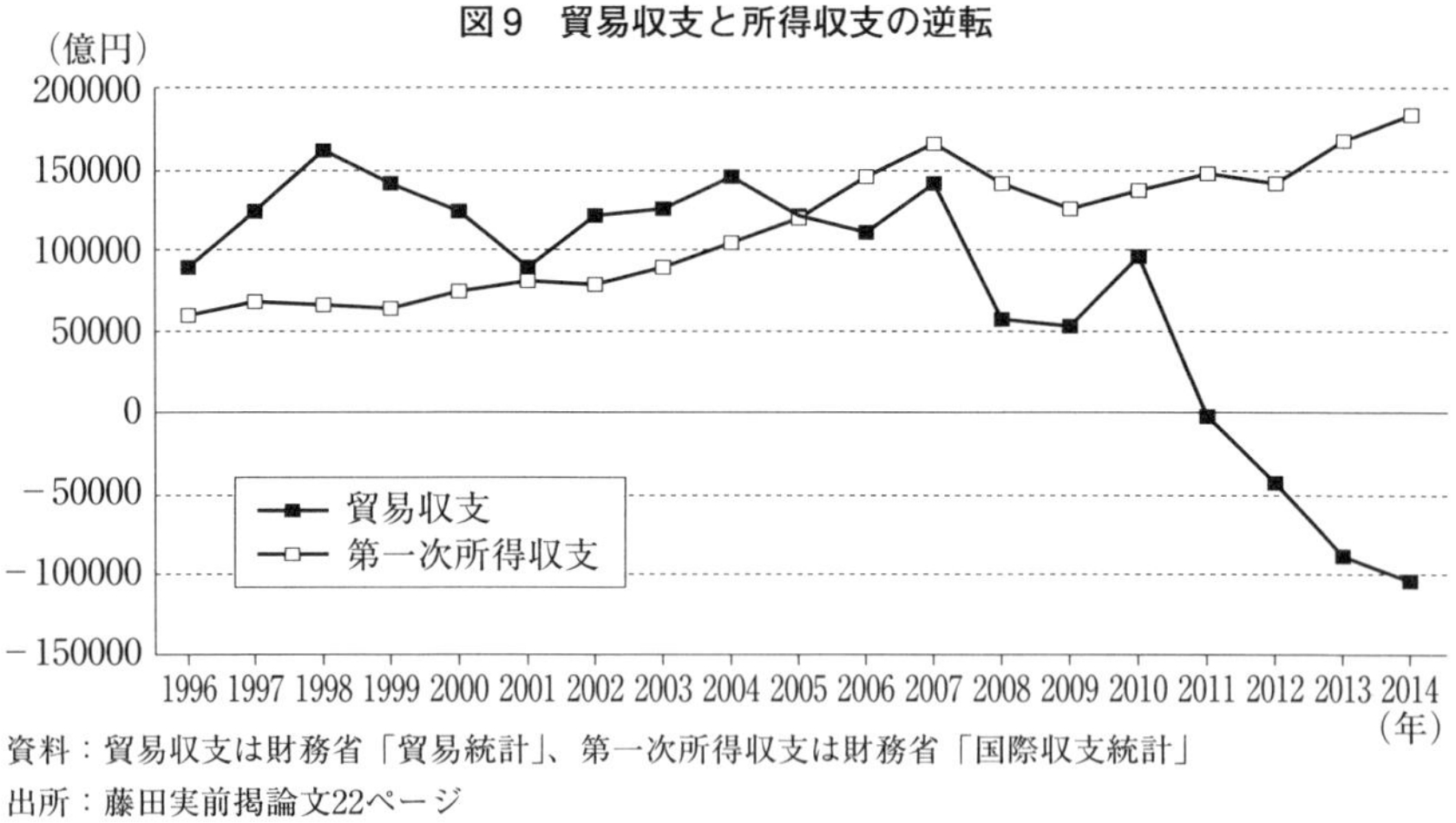

資料：貿易収支は財務省「貿易統計」、第一次所得収支は財務省「国際収支統計」
出所：藤田実前掲論文22ページ

資で得た利益が、日本に対して外国が行った投資による利益よりも、大きくなったのです。「モノ」の貿易では赤字になり、資本の輸出入が黒字になり、外国で得た利子を蓄積の主たる源泉にしているのです。日本資本主義は、「投資立国」という、「寄生的」性格を強めたのです（図9参照）。

大企業にとって、「輸出増大↓国内生産増大」という連関がない投資立国では、国内が必ずしも収益源ではなくなるから、国内設備投資の増大を通じて、国民経済に還元するインセンティブは少なくなります。現在に引きつけて言えば、雇用改善、賃金向上、年金を含む社会保障拡充、総じて所得上昇と消費上昇が好循環への道ですが、そうしたことに日本企業が関心を持っていないのです。アベノミクスはこうした傾向を促進し、日本経済をゆきづまらせました。

表6　主要資本主義諸国の経済諸指標

1961～70年　年平均増大率（%）

	実質GNP	鉱工業生産	設備投資	労働生産性	労働賃金	輸出額	輸入額
日本	11.1	14.1	15.2	11.1	12.2	17.1	15.9
アメリカ	4.1	4.5	3.9	3.1	4.1	7.7	10.2
イギリス	2.8	2.8	4.7	3.2	6.4	6.7	5.7
西ドイツ	4.8	5.8	5.7	6.0	8.1	11.0	10.8
フランス	5.8	6.0	9.1	6.4	8.1	10.1	11.7
イタリア	5.6	7.1	5.2	6.4	8.7	13.8	12.6
カナダ	5.2	6.4	5.4	4.3	5.1	11.1	9.6

資料：日銀『日本経済を中心とする国際比較統計』1971年版
出所：林前掲論文59ページ

高度成長を可能にした憲法――九条・二五条など

一九六〇～七〇年まで、年間GNP成長率一一・一パーセントという二桁の高度経済成長（表6参照）が可能だったのは、憲法の「基本的人権」（第二一条「集会・結社および言論・出版その他一切の表現の自由」）「生存権」（二五条）の保障規定が、労働組合運動を先頭にした勤労者・国民の社会運動を媒介にして、生活を向上させ、生産と消費の好ましい相互波及・好循環をつくったからです。また、戦争放棄（前文、第九条）の大原則が、海外での日本商品販売に大きなプラスとなったのです

日本商品の強い国際競争力（高品質・低価格）は、優秀な技術力に加えて、低賃金・長時間労働など労働者の犠牲によるコスト引き下げによって実現できたものです（こちらの側面は批判されなければなりません）。同時に、この日本の輸出増大が、憲法前文と九条によって、どの国も敵視せず、トラブルを解決する手段としての戦争は永久にこれを放棄した日本の大方針が、発展途上国をはじめ諸外国によって歓迎された結果でもあります。

いわゆる先進国は、第二次世界大戦後、商品・企業・資金による経済的支配と、宗教や言語を支配する思想的支配と、軍隊を派遣するという武力的圧力を駆使して、アジアやアフリカや南アメリカで、途上国への政治的・経済的支配を進めました。経済的先進国からの商品の輸入、企業進出、借款供与の受け入れが続くならば、やがてそれらの先進国による内政干渉、ひいては軍事攻撃さえもこうむることが多いのです。これは戦前の日本帝国主義がアジアでやったことであり、戦後はアメリカやＮＡＴＯ（北大西洋条約機構）諸国にその例が多く見られます。

ところが平和憲法をもつ日本に関するかぎり、受け入れ国には、少なくとも軍事的な圧力を加えられる心配がありません。日本の商品・企業・資金は安心感をもって各国に迎えられたのです（林直道「憲法は日本経済発展の力――『基本的人権の保障』と『戦争放棄』を中心に」『経済』二〇一四年八月号参照）。しかし戦争法は、九条を中心とする日本の平和的信頼を揺るがすことによって、これまで持っていた国際経済での日本の優位性を損ないました。

表7　雇用形態、年齢階級別役員を除く雇用者の推移

実数（万人）と割合（%）

年	正規の職員・従業員	非正規の職員・従業員	男性非正規割合	女性非正規割合
2005	3375（67.4）	1634（32.6）	17.7	52.5
2010	3374（65.6）	1763（34.4）	18.9	53.8
2013	3302（63.4）	1906（36.6）	21.1	55.9
2015	3313（62.6）	1980（37.4）	21.8	56.3

（注1）2012年以前は詳細集計の結果を掲載している。また2013年の対前年増減について、前年（2012年）のとして、集計対象等が異なる詳細集計の結果を便宜上用いている
（注2）割合は、「正規の職員・従業員」と「非正規の職員・従業員」の合計に占める割合を示す
資料：総務省 労働力調査（基本集計）平成27年（2015年）平均（速報）結果の概要より著者作成

3　深刻になった貧困問題

アベノミクスのもとで国民の貧困が進行しています。その状態をどう考えるかについて、ふれておきたいと思います。この項は、主に藤田宏氏の「『貧困クライシス』――年収三〇〇万円未満層と『一億総活躍社会』」（『経済』二〇一六年六月号）に依拠しています。

労働者が自分は貧困だと意識するのはどういう場合でしょうか。雇用形態の不安定化や長時間労働で多忙で、過労や余裕時間のないこと、また、賃金が安すぎること、いまの賃金では生活できないこと、医療や年金などに不安があること、これらの場合に貧困を意識することが各種の調査で明らかになっています。

現在では低賃金層、低所得層が増大していますが、こうした人びとは賃金が極端に低いため、過重労働をせざるをえず、毎日の現実の生活に追われ、生活の将来設計、将来展望を持

てない状態にあります。とくに若者・中年層非正規は結婚や家族形成の見通しすらなく、しかも、それらの層が高齢化すれば、経済的自立の将来展望もみえず、孤独で生涯を終える不安も増しています。

雇用の劣化——増大する非正規労働者

ここ一〇年余りの動向を見ると、二〇〇五年に一六三四万人だった非正規労働者が、二〇一五年には一九八〇万人に増加しました（総務省「労働力調査」。表7参照）。雇用者に占める非正規労働者の割合も、二〇〇五年の三二・六パーセント（男性一七・七パーセント、女性五二・五パーセント）から一五年には三七・四パーセント（男性二一・八パーセント、女性五六・三パーセント）と大幅に増えています。第二次安倍政権発足後も非正規労働者は増え続けています。

非正規労働者の労働条件は劣悪です。厚生労働省「賃金構造基本調査」（二〇一四年）によれば、正規労働者の平均賃金は三一・八万円（月額）、非正規労働者二〇・〇万円です。非正規は正規の六二・九パーセントの水準です。男女別にみても、男性・正規労働者三四・三万円に対して、非正規労働者二二・二万円（正規労働者の六四・七パーセント）、女性・正規労働者二五・七万円、同非正規労働者一七・九万円（同六九・六パーセント）です。非正規労働者は、正規労働者と違ってボーナスもなければ、退職金もないというケースが多く、正規労働者と非正規労働者の生涯賃金を比較すると、正規労働者二億二四三二万円、非正規労働者一億二一〇四万円となり、その差は一億三二八万円になるという試算もあります（しんぶん赤旗二〇一四年四月二四日付）。

「働く貧困」の拡大の根底には、非正規労働者の増大があり、それは賃金・雇用構造の変化と深く関係しています。

四人に一人のワーキングプア、生活保護世帯の増加

非正規労働者の増大と相まって、働いても働いても生活が困難な、年間賃金二〇〇万円未満のワーキングプア、すなわち「働く貧困層」の増加が一九九〇年代後半以降顕著になりました。厚労省『国民生活基礎調査』によれば、一九九七年のワーキングプア、(一年勤続者で年収二〇〇万円未満層)は八一四万一〇〇〇人でした。それが二〇一五年には一一三〇万人になりました。ワーキングプアの割合は、一八・〇パーセントから二三・九パーセントと、五・九ポイントも増加しました。

九〇年代後半以降のもう一つの特徴は、生活保護世帯が急増したことです。厚労省

図10　貧困関連データはなにを語る

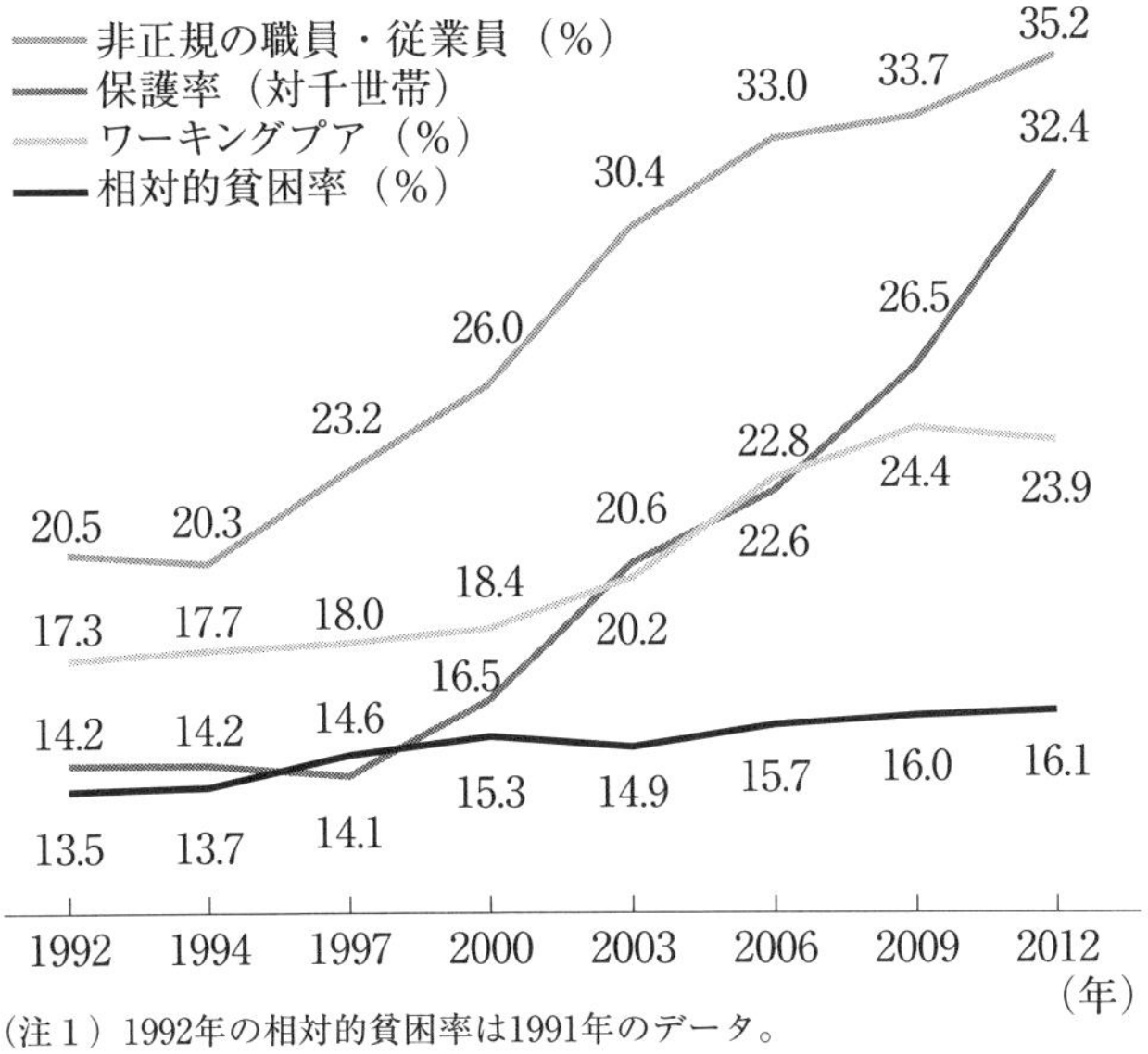

（注１）1992年の相対的貧困率は1991年のデータ。

資料：非正規の職員・従業員は役員を除く雇用者に占める割合（厚生労働省「労働力調査（詳細集計）」「同特別調査」、保護率は千世帯に占める生活保護世帯の割合（国立社会保障・人口問題研究所が厚生労働省「国民生活基礎調査」より算出）、ワーキングプアは、1年勤続者の年収200万円未満層（国税庁「民間給与実態統計調査」）、相対的貧困率は、等価可処分所得の中央値の半分にあたる貧困線に満たない世帯の割合（厚生労働省「国民生活基礎調査」）

出所：藤田宏論文37ページ

『生活保護調査』によると、生活保護世帯（一カ月平均）は、九二年度の五八・六万世帯から、九七年度には六三・一万世帯へ増え、さらにその後に急増し、二〇一六年三月には一六三・五万世帯へと二・六倍近くになりました。一〇〇〇世帯に占める生活保護世帯の割合は、九二〜九七年度は一四世帯台に過ぎなかったのが、一二年度には三二・四世帯になり、その後は高止まりです。

そのなかで、等価可処分所得（手元に残り消費に回すことができる所得部分）が全世帯の中央値の半分以下にあたる、貧困線に満たない世帯の割合を示す相対的貧困率は、九一年の一三・五パーセントから二〇一二年には一六・一パーセントになりました。日本社会の「貧困」化が急速に進んだのです（前ページの図10参照）。

「働く貧困」層の広がり――年収三〇〇万円未満層が全就業者の四割に

著者は、年収三〇〇万円未満を「働く貧困」層としてとらえたいと思っています。ワーキングプアを年収二〇〇万円未満の層ととらえる見方がありますが、実態としては年収三〇〇万円でもワーキングプアと考えるべきだと思われます。その理由の一つは、「結婚の壁」です。「既婚率は、年収三〇〇万円未満では一割に満たないが、三〇〇万円以上四〇〇万円未満では二五パーセントを超えており、年収三〇〇万円を境に大きな差が存在している」（『厚生労働白書』二〇一三年、八一ページ）のです。年収三〇〇万円未満層の労働者の多くは、結婚すると人並みの生活ができそうもないと考えています。結婚したくても、経済的理由で結婚できないというのは、今日の貧困の一つの現れです。

もう一つは、年収三〇〇万円未満の層の老後の年金水準です。この収入層の年金は、厚生年金で最大一二万円弱、ほとんどは一〇万円未満、国民年金の場合はさらに劣悪で平均五万円前後で、いずれも生活保護費以下の水準です。なお、「年金支給額は、国民年金が平均月額で五万四千円、厚生年金は一四万八千円」という実績が公表されています（厚生労働省、二〇一六年一二月「平成二六年度厚生年金保険・国民年金事業の概況」）。一生懸命働いても、安心して老後生活を営むことができないというのは、深刻な「貧困」の現れです。「結婚難民」と「下流老人」が同時進行で増えているのです。前者は「少子化」と「介護離職」に拍車をかけ、後者は「老後地獄」「介護難民」に直結します。

こうした問題を内包する「働く貧困」層は、二〇一五年には全労働者の三九・九パーセント、ほぼ四割を占めるに至っています（国税庁『平成二七年分民間給与実態統計調査』「第16表　給与階級別給与所得者数・構成比」より）。働く貧困層は、若者や高齢者に限らず、全年齢層にわたっています。最低賃金の大幅引き上げと、働き方の改善で、この層の所得を全体として底上げすることは、日本社会の将来を左右する、全国民的課題になっています。

苦闘するシングルマザー

伍賀一道氏は「雇用と働き方の貧困を象徴しているのが非正規雇用のシングルマザーである」として、この問題に特別の注意を払っています。伍賀氏は、「保育園児や小中学生の子どもをかかえた母親が自分一人の収入で家計をやりくりするには、ダブルワークはあたりまえ、なかにはトリプルワークをするケースもある。睡眠時間を一日四～五時間に削って、身を粉にして働いても、生活保護水準の収入を確保するのがやっとのこと。子どもたちから「塾に行きたい」とせがまれても到底聞き入れることはできない。何よりも自分が倒れたらこの子たちはどうなるのか、その不安をたえず抱えた毎日である」と、リアルに問題を描いてます（伍賀一道「雇用と働き方の貧困化の位相」『現代日本の労働と貧困――その原状・原因・対抗策』労働総研クォータリー二〇一六／二〇一七年秋・冬合併号）。

健康を破壊する長時間労働

八時間働いて生活できる賃金と雇用、労働条件が必要です。そのためには、安定した良質な雇用（正規雇用、均等待遇）、八時間働いて生活できる賃金（生計費原則による賃金底上げ、最低賃金・公契約・公務員賃金の引き上げなどの賃上げに結びつく社会的規制）、八時間労働制（八時間働き、八時間眠り、八時間は自由な時間）の確立を働くルールの基本としてすべての労働者のものにしていくことが、過重労働による健康障害、過労死をなくし、労働者を「ディーセントワーク」に導く根本的解決の道です。

4　低賃金と低年金の克服を――鍵は労働運動などの社会運動に

国際的にも際だつ低賃金

労働者の貧困問題、その延長に予測される高齢者の貧困増大、こうした大問題を改善し克服する決め手は、低賃金と低年金の克服です。

表8をみると、日本の最低賃金（最賃）は中位値賃金の三八パーセントしかなく、アメリカと同じく先進国中最下位です。フランス六二パーセント、ニュージーランドは六〇パーセントです。ドイツでは二〇一五年一月一日から発効した法定全国一律制が時給八・五ユーロ（一ユーロ一三二円として一一二二円、一ユーロ一一二円として九五二円）で、中位値賃金比較で五一パーセントです。

アメリカでは連邦最低賃金は共和党の抵抗によって時給七・五ドルで凍結されたままですが、連邦政府契約業者、再契約業者には二〇一五年一月一日から時給一〇・一〇ドルに改定されています。また、連邦最賃の不備を補う、州最賃の改定、あるいは市、郡レベルでのリビングウェイジ運動の高まりで、ロサンゼルス市、郡、サンフランシスコ市などでの二〇一九年～二〇二〇年までに時給一五ドル（一ドル＝一二〇円として一八〇〇円、一ドル＝一〇〇円で一五〇〇円）が実現しています。すでに全国一律最賃制を実現したイギリスでは、中位値賃金比較では四七パーセントですが、物価が高いロンドンおよび近郊地域への生活賃金条例によって一律最賃制の補強が行われています。日本の最賃は韓国（中位値の四二パーセント）よりも低く、国際比較上も最低であることは明白です。

表8　法定最低賃金額（時給／ユーロ）
と中位値との対比（2014年）

	最賃額（€）	中位値との比（%）
フランス	9.53	62
ニュージーランド	6.99	60
スロヴェニア	5.30	60
ポルトガル	3.34	58
ハンガリー	3.24	54
オーストラリア	11.88	53
ベルギー	9.10	51
ラトヴィア	2.69	51
ドイツ（予定）	8.50	51
アイルランド	7.48	48
イギリス	7.43	47
オランダ	9.11	47
カナダ	7.44	45
スペイン	4.08	44
韓国	3.58	42
日本	5.89	38
アメリカ	5.46	38

Schulten 論文（WSI-Mitteilungen 2014/3）より
資料：大重光太郎「最賃制度をめぐる国際的動向」『月刊全労連』No208. 2014 年6月号による
出所：小越洋之助「非正規・低賃金層の増加と最低賃金制の問題」（前出労働総研クォータリー 2016／2017 秋・冬合併号）71 ページ

表9　働くルールの国際比較──労働時間・年休・最低賃金・定年制

	日本	アメリカ	フランス	ドイツ	ＥＵ指令
労働時間	労働基準法で1週40時間、1日8時間とされているが、36協定を結べば青天井で労働時間を延長することが可能	1週40時間。割増賃金率50％	1週35時間又は年間1607時間	平均1日8時間を超えてはならない（休憩を除いた時間）	＊7日につき、時間外労働を含めて、平均して48時間を超えないこと（算定期間は最長4か月）＊24時間につき最低連続11時間の休憩時間
年間労働時間（2013年）	1746時間	1795時間	1401時間	1313時間	−
年次有給休暇	6か月で10日、2年6か月までは1年ごとに1日追加。以後1年ごとに2日追加（最高20日）	法令上の規定なし	1年30労働日。連続12労働日を超える有給休暇を、1年に1度以上与えなければならない	1年につき24日（日曜、祝日、休日を除く）。週5日制なら20日。連続12日の付与必要	最低4週間の年次有給休暇を付与
年休取得日数（取得率）	10日（50％）	14日（74％）	30日（100％）	（ほぼ完全取得）	−
年間休日日数	129.0日	−	144.0日	144.0日	−
最低賃金（時給）	798円（東京907円）	870円（ワシントン1136円）	1293円	1143円	−
定年制	可（60歳以上）	原則不可	原則不可	可（65歳以上）	雇用における年齢を理由とする差別を禁止

（注1）年休取得日数（取得率）はエクスペディア「有給休暇・国際比較調査 2014 年」。ドイツは同調査にないので（　）で記述
（注2）年間休日日数＝週休日＋週休日以外の休日＋年次有給休暇。日本の年休は平均取得日数、週休日は完全週休2日制でそれぞれ計算
（注3）最低賃金額は、財務省「貿易統計」の 2015 年 10 月 11〜17 日時点の為替レートで計算
（注4）年次有給休暇は労働政策研究・研修機構『データブック国際比較 2015』212 ページ、6-6 表による
資料：労働政策研究・研修機構「データブック国際比較 2015」を基本に作成
出所：『2017 国民春闘白書』76 ページ。年次有給休暇については（注 4）により著者が記載

「貧困最賃」を土台とした全体的低賃金化は、大企業に空前の利潤をもたらす一方で、労働者・国民の消費力を弱らせ、経済の停滞をもたらしています。こうした「経済的事実」を反映して、大企業の経営者の中にも、最低賃金を一〇〇〇円以上にすべきだ（ユニクロ、柳井正会長）、一五〇〇円にすべきだ（森精機、森雅彦社長）という意見もでています。森社長は「時給千円で年二千時間働いた

表10　賃上げおよび働くルール確立、労働条件改善の経済波及効果

	必要な原資 兆円	家計消費支出の増加 兆円	国内生産誘発額 兆円	付加価値誘発額 兆円	税収増加 兆円	新規雇用者の増加 万人	必要な原資が内部留保に占める割合 %
働くルールの確立	16.79	10.07	15.92	8.61	2.53	408.2	2.9
不払い労働根絶	10.27	6.14	9.50	5.28	0.90	289.7	1.8
年休完全収得	6.15	3.71	5.62	3.18	1.60	160.7	1.1
週休2日制完全実施	0.37	0.22	0.30	0.15	0.03	9.6	0.06
非正規の正規化	7.20	5.8	10.77	4.85	0.83	−	1.2
最賃を時給1000円に引き上げ	2.12	1.70	3.12	1.43	0.24	−	0.4
最賃を時給1500円に引き上げ	13.85	11.09	20.41	9.32	1.55	−	2.4
春闘要求、月額2万円賃上げ	10.44	6.26	8.33	3.76	0.64	−	1.8

（注）「新規雇用者の増加」は、各項目の実施に伴う直接的な雇用増である

資料：厚生労働省「毎月勤労統計調査」、同「賃金構造基本調査」、総務省「労働力調査」および、「平成23年（2011年）産業連関表」等から労働総研が推計した

出所：表9と同様。77ページ

としても二〇〇〇万円で生活できない。最低賃金を一五〇〇円ぐらいにすべきだ」と言っています（朝日新聞社主要一〇〇社アンケート、二〇一六年一二月実施）。

賃上げ・労働条件改善の財源と波及効果

表9のように、ヨーロッパの先進国と比べて、日本の労働条件は、きわめて劣悪です。日本の労働時間は「36協定」※を結べば事実上「青天井」です。EUでは労働時間規制が厳格に定められ、年次有給休暇にして二〇日から三〇日が保障され、完全取得が当たり前になっています。日本の年休取得率は五〇パーセント、取得日数も一〇日です。年間の休日数も年休取得日数を考慮して比較すると、日本の一二九日に対してドイツは一四四日で、日本の労働者は一五日以上多く働いています。

※「36協定」とは、労働基準法三六条に基づく労使協定のことです。一般に「さぶろくきょうてい」と呼ばれています。会社が法定労働時間（一

日八時間、週四〇時間）を超えた時間外労働を命じる場合に、労組など労働者側と書面による協定を結び、労働基準監督署に届け出ます。労働者側の同意が得られれば、実際上は非常に長い時間外労働を行わせることができます。

日本でも、ドイツやフランス並みの働くルールを確立することが重要です。日系欧州企業は、経営上の問題点のトップに「労働のコスト」を上げています。働くルールが確立しているドイツやフランスなどでは、日本と比べて「労働コスト」が高いからです。しかし、現地の法律に従った働かせ方をしているのです。それでも、日系企業の多くは、欧州で利益を上げ、さらに事業展開を進めようとしています。フランスやドイツなどで行われ、日系企業も実行していることが、日本でできないはずはありません。

不払い労働の根絶、年休完全取得、週休二日制完全実施など、働くルールの確立（必要な原資一六・七九兆円）、最低賃金を当面一〇〇〇円（同二・一二兆円）、そして一五〇〇円の実現（同一三・八五兆円）、非正規の正規化（同七・二〇兆円）、さらには、二万円賃上げ実現（同一〇・四四兆円）によって、日本の労働条件を改善することは急務になっています。これらを実現すれば、国内総生産は一八兆〜二六兆円増加、GDPは四〜五パーセント伸びることになります（前ページの表10）。

異常な日本の低年金

世界最大級の人事・組織コンサルティング会社マーサーは、二〇一五年度グローバル年金指数ランキング「マーサー・メルボルン・グローバル年金指数ランキング」を発表しました（表11）。

このランキングは、世界各国の年金制度を比較したもので二〇一五年度で七年目になります。調査では、対象国の年金制度に〇から一〇〇までの評価が付けられ、「十分性（Adequacy）」、「持続性（Sustainability）」、「健全性（Integrity）」の平均評価値が指数として表されます。十分性（Adequacy）四〇パーセント、持続性（Sustainability）三五パーセント、健全性（Integrity）二五パーセントの割合で配点されます（http://www.mercer.co.jp/newsroom/2015-global-pension-index.html を参照して下さい）。

日本の年金制度の最大の欠陥は、所得代替率（現役世代の平均手取りに対する平均的年金給付額の割合。ボーナス込みの現役世代の手取り所得に対する年金額の比率）が低いことです。表中の年金指数は「十分

表11　マーサー・メルボルン・グローバル年金指数（2015年）総合指数によるランキング

ランキング	国名	総合指数	各項目の指数		
			十分性 40%	持続性 35%	健全性 25%
1	デンマーク	81.7	77.2	84.7	84.5
2	オランダ	80.5	80.5	74.3	89.3
3	オーストラリア	79.6	81.2	72.1	87.6
4	スウェーデン	74.2	71.1	72.6	81.5
5	スイス	74.2	73.9	68.4	82.9
6	フィンランド	73.0	70.7	61.8	92.4
7	カナダ	70.0	79.4	56.2	74.3
8	チリ	69.1	62.8	65.0	84.8
9	イギリス	65.0	64.2	51.3	85.5
10	シンガポール	64.7	55.7	65.9	77.2
11	アイルランド	63.1	77.0	36.2	78.5
12	ドイツ	62.0	76.0	36.8	75.0
13	フランス	57.4	77.2	36.6	54.9
14	アメリカ	56.3	55.1	54.4	61.1
15	ポーランド	56.2	61.8	40.6	69.0
16	南アフリカ	53.4	47.3	43.0	77.7
17	ブラジル	53.2	64.6	24.5	75.1
18	オーストリア	52.2	67.6	17.2	76.8
19	メキシコ	52.1	56.4	53.5	43.4
20	イタリア	50.9	68.4	12.1	77.4
21	インドネシア	48.2	41.3	40.1	70.8
22	中国	48.0	62.7	29.8	50.0
23	日本	44.1	48.8	26.5	61.2
24	韓国	43.8	43.9	41.6	46.8
25	インド	40.3	30.0	39.9	57.6
	平均	60.5	63.8	48.2	72.6

性」「持続性」「健全性」の三つのポイントで算出されています。十分性は受け取る年金額が生活するために十分かどうか、持続性は人口推移や平均寿命のバランスとの関係で制度が持続可能なものか、健全性は年金制度をうまく運用するための見直し機能や透明性が担保されているか、ということを意味しています。

このランキングには、中国やインドネシアのように国民皆年金ではない国も含まれています。例えば、中国の場合、加入義務のある被保険者は、都市部の被用者および自営業者です。このために、表を基に日本が中国やインドネシアよりも単純に下位にあるとはいえません。しかし、欧米先進諸国だけと比較しても、日本の年金制度は貧困であることは明瞭です。デンマークは、十分に積み立てられた年金とその給付水準が評価されて一位です。高福祉高負担で知られる北欧諸国が上位にランクされる傾向となっていますが、当然のことです。

日本の場合、総合評価への影響が大きい所得代替率の低さが、総合評価で下位となる要因の一つです。厚生労働省の「平成二六年度財政検証」では、現状の制度を変更しない場合、少子高齢化の進展に伴う所得代替率の低下が不可避であることを示唆する結果となっており、将来的に総合評価が改善することは難しいのです。

こうした国際比較からも、日本の年金制度の最大の問題点は、所得代替率が低いことです。また、持続性でも健全性でも低い順位にあります。

したがって、総合的・抜本的改善が必要です。それには、①給付を上げること、②税と企業の負担をヨーロッパ並みに引き上げること、③一四〇兆円に上る年金積立金は株式などでの運用をやめ年金給付にまわすこと、などが主な内容になります。

労働運動・市民運動・野党共闘がカギ

働くルールの確立と労働条件改善は日本経済の〝特効薬〟なのです。表10が示すように、それに必要な財源は三六兆〜四六兆円で、日本企業（全規模）の内部留保五七八・八兆円の六〜八パーセント程度に過ぎません。資本金一〇億円以上の大企業の内部留保でいえば一〇パーセント前後を取り崩せば、働くルールの確立と労働条件改善は十分に可能なのです。

低賃金や低年金からの脱却、働くルールの確立は、ヨーロッパの先進国をみれば、現実的課題であることが分かります。問題は、現実化する推進力です。それは、労働運動をはじめとする社会運動の力量です。また、この運動を政治的にバックアップする「市民運動と野党」の共闘なのです。

本節4の全体について（年金部分は除く）、全労連・労働総研編『二〇一七年国民春闘白書』（学習の友社）を参照して下さい。

表12　東北地方の選挙結果
左が野党統一候補、右が自民候補の得票数と得票率

青森県	田名部匡代	302867	49.2%	山崎力	294815	47.9%
岩手県	木戸口英司	328555	53.3%	田中眞一	252767	41.0%
宮城県	桜井充	510450	51.1%	熊谷大	469268	47.0%
秋田県	松浦大悟	236521	44.0%	石井浩郎	290052	53.9%
山形県	舟山康江	344356	59.0%	月野薫	224583	38.3%
福島県	増子輝彦	462852	50.5%	岩城光英	432982	47.2%

5　アベノミクスへの「ノー」が表明された

東北では野党共闘が五勝一敗——政府版「地方創生」への審判

二〇一六年七月一〇日投票の参議院選挙で、東北地方では、民進党・日本共産党・社会民主党・生活の党の四野党（当時）の統一候補が、秋田県を除く五選挙区で当選しました（表12）。連立政権を組む自民党と公明党が共同で推薦する候補（すべて自民）を五県で破ったのです。野党共闘の歴史的大勝ということができます。

東北六県では、二〇一三年の選挙区では自民党が五議席、みんなの党が一議席（当時二人区だった宮城県で「みんなの党」候補が二位で当選）、無所属一議席（岩手選挙区で当選した平野達男氏は二〇一六年七月二三日に自民党に入党）でした。二〇一六年参院選の野党統一候補を推薦・支持した政党を母体にして二〇一三年に当選した議員は〇でした。つまり三年前は野党は〇勝七敗でした。

こうしてみると、五勝一敗の意味は、数字が示す以上の、大きく豊かな政治的意義を持ちます。

全国で三二ある一人区については、結果は自民の二一勝一一敗でした。前回の参議院選の一人区では、自民党が二九勝二敗（一人区が三一）だったことと比べれば、三二の一人区すべてで野党候補の共同候補ができて、一一選挙区で勝利したことは、大いに評価できる選挙協力・野党共闘です。

農業県での自公後退

さらに、農林水産県ということでいえば、長野県、山梨県（新潟県と合わせて甲信越では野党共闘が三勝〇敗で完勝）です。農業の重要性の高い三重県、大分県でも野党統一候補が自民党候補を破っています。自民党の農林水産政策（当然、ＴＰＰも含まれる）に対し、厳しい批判が下されたことは明らかです。保守の基盤であった農林水産県から、保守政権への批判が広がっていることの政治的意味は大きいのです。

日本経済新聞は七月一一日付の東北版で次のように報じました。「選挙戦ではアベノミクスや環太平洋経済連携協定（ＴＰＰ）の是非、さらに震災からの復興などをめぐり、各候補が激しい舌戦を繰り広げた」「『農林水産業が衰退の一途をたどるのではないかという危機感が出た。国は地方の声を真摯に受け止めてほしい』（吉村美栄子山形県知事）」「東日本大震災の被災三県では、福島県で現職閣僚が落選するなど与党候補がそろって敗北した」。

同紙の全国版では「青森や岩手、山形など東北六選挙区では野党統一候補が五勝する厳しい戦いとなった。与党は環太平洋経済連携協定（ＴＰＰ）が国内農業にもたらす影響への不安を払拭できず、農林水産票を十分には取り込めなかったようだ」と分析しました。

原発の是非と大震災からの復興のありかたを大きな争点に闘われた福島選挙区では、現職の法務大臣である自民党候補を、野党統一候補が破りました。敗れた岩城光英氏は、「敗因の一つは野党共闘だ。安倍政権を打倒するという意味での野党の共闘が福島に限って言うとそれなりの成果を上げたと思う」（日本経済新聞七月一七日付）と「敗戦の辞」を語っています。また、地元紙の福島民報（七月一二日付）は、「野党共闘、効果を発揮」という見出しで「民進党県連は今回の勝因の一つとして共産、社民との『野党共闘』を挙げる」と報じています。

原発を問う――核戦争論者安倍にとって原発は絶対必要

福島の参院選の勝利は、同日投票された鹿児島県知事選挙で、川内原発の運転停止をスローガンに掲げた新人三反園《みたぞの》訓氏が当選したこと、さらに、東京電力柏崎刈羽原発の再稼働が争点となった新潟県知事選で、再稼働に慎重姿勢で、無所属の米山隆一氏（共産、社民、自由推薦。民進は自主投票だが事実上は支援）が自公推薦候補を破って当選したことと合わせて考えるべきです。

安倍政治との関わりでいえば、原発の維持・再稼働・拡大は安倍政権の死活問題です。安倍首相は、二〇一三年九月二六日（現地時間二五日）、ニューヨーク証券取引所で行った演説で、「電力自由化をなし遂げ、日本のエネルギー市場を大転換する」、「日本は、原発の安全技術で、これからも世界に貢献していきます。（原発を）放棄することはありません。福島の事故を乗り越えて、世界最高水準の安全性で、世界に貢献していく責務があると考えます」と語りました。安倍首相にあっては原発と核武装は不可分です。原発は原爆・核兵器に必要なプルトニウムをつくりだす機能を持っています。日本は、すでに一万に近い原爆を製造可能なプルトニウムを蓄積しているといわれています（オバマ前米大統領が二〇一四年に日本政府に返還を要求し、二〇一六年三月に返還された研究用プルトニウム三三一キロだけで、核兵器四五～五〇発分に相当します。東京新聞二〇一六年三月二二日付）。

安倍政治の中枢に位置する原発推進戦略が、福島と鹿児島と新潟でノーを突きつけられたことは、議席数や関係する県が少ないこととは次元が異なる、政治的意味を持っています。

政策的基盤ができたことの意味――住民が地域で生き・住み続けるための手がかり

二〇一六年参院選で成立した野党共闘は、政策的協定に立脚しています。単に票を政党同士が一人の候補に集める、という選挙協力ではなかったのです。この点が、今後の野党共闘の発展にとって重要です。野党共闘は中央段階では二〇一六年二月一九日に、四野党党首によって合意されました。共同の政策的基礎は、①安保関連法の廃止、②立憲主義の回復、③個人の尊厳を擁護する政治の実現、でした。六月一日には四野党書記局長・幹事長が、二月一九日の合意を具体化する協議を行い（この日で六回目）、合意に加えて、①アベノミクスによる国民生活の破壊、格差と貧困の拡大の是正、②環太平洋連携協定（TPP）や沖縄問題など、国民の声に耳を傾けない強権政治に反対、③安倍政権のもとでの憲法改悪に反対、を確認しました。

選挙区によっては、中央での三つの政策を踏まえつつ、各地の独自性も組みこんで、選挙区段階の政策協定を結んだところも多いのです。一番早く、正式な政策協定が結ばれたのは宮城県ですが、宮城の共産党、民進党、桜井充候補の三者で三月二日に調印した政策は、「①立憲主義に基づき、憲法違反の安保関連法案廃止と集団的自衛権行使容認の七・一閣議決定の撤回を目指す、②アベノミクスによる国民生活の破壊を許さず、広がった格差を是正する、③原発に依存しない社会の早期実現、再生可能エネルギーの促進を図る、④不公平税制の抜本是正を進める、⑤民意を踏みにじって進められる米軍辺野古新基地建設に反対する、⑥安倍政権の打倒を目指す」の六項目です。

この六項目は、安全保障から立憲主義、アベノミクスからの転換、原発に依存しないエネルギー政策、辺野古の新基地建設反対、憲法無視・民意無視の暴走安倍政権打倒といった、これからの野党共闘で必要とされる政策の基本を包含しています。さらに、政府版「地方創生」に反対し、憲法に基づいた、アベノミクスの方向ではない、地方創生を含んでいます。

政治的内容から見ると自公は負けた

二〇一六年の参院選で、自民党は改選議席五〇を五六に増やしました（無所属で当選した中西健治氏は自民党が追加公認したので自民党に算入）。公明党は同じく九を一四に増やしました。自公で七〇議席となり、改選議席一二一の過半数に達しました。しかし、自民党は二〇一三年の参院選では改選議席数三四から六五に増やし、公明党は改選議席一〇を一一に増やし、合わせて七六議席獲得しました。今回は、自民党の獲得議席は、65－56=9で九議席減らし、14－11=3で公明党が三議席増やしました。自公合計では、前回の当選数を六つ減らしたのです。

農政、TPP、震災からの復興、原発、新基地建設などなどの、切実な政治的、経済的、生活上の課題を実感している人びとが多い県で、自公は負けたのです。沖縄では野党の統一候補（三五万六三五五票）が、沖縄担当である現職大臣（二四万九九五六票）を一〇万票以上の大差で破りました。安保体制の象徴である沖縄県から、自民党の衆参すべての国会議員が消えたことの政治的意味は大きく、安倍政権へのきわめて大きな打撃です。参議院選挙を、政治的意味から見れば、自公政権は敗北したといっても過言ではありません。

一九八〇年の「社公」合意

二〇一六年の参議院選挙にかかわって、最後に述べておきたいのは、いわば野党・反自民勢力が示した「共闘・共同」についてです。

社会保障の変質は一九八一年設置の第二次臨時行政調査会が主導した「臨調・行革」を大きな転機にしています。そして、そのための、政党政治面での枠組みを用意したのが、一九八〇年になされた社公合意です。

地方政治を主な舞台にして、一九六〇年代から七〇年代にかけて、「革新自治体」に象徴される労働者・市民側の共同・共闘が相当な前進を示しました。一九七三年の老人医療自己負担無料化は、こうした政治的力関係を背景にして実現した、社会保障運動の成果です。

こうした野党共闘を破壊する自民党の工作によって、一九八〇年一月一〇日に、日本共産党排除を「政治原則」とする「連合政権についての合意」が社会党と公明党の間で結ばれました。すでに行われていた自民党＋公明党＋民社党の協力に、公明党＋社会党の協力が加わり、公明党を「両面テープ」

のようにして、自公民＋社の「共産党を除く政治」が三五年にわたって日本の政治を支配するのです。労働戦線での右翼的再編も行われました。その後、非自民政権の誕生から小選挙区制の導入による自民党と民主党の二大政党制の構図がつくられ、民主党政権の誕生、自民党政権の復活を経て、「共産党を除く」構図が二〇一六年二月一九日に崩れるのです。

野党共闘再構築へ

すでに見たような二〇一六年の野党共闘の背景には、安倍政治に反対する、党派を超えた市民層の世論・行動がありました。「戦争をさせない・9条壊すな！　総がかり行動実行委員会」「ＳＥＡＬＤｓ（自由と民主主義のための学生緊急行動）」「安全保障関連法に反対する学者の会」「安保関連法に反対するママの会――だれの子どもも殺させない」など二九団体が統一して、「安保法制の廃止と立憲主義の回復を求める市民連合」が、二〇一五年一二月に結成されました。市民的運動レベルでの共闘・共同・協力が前進したのです。ここから「野党は共闘」の声が大きくあげられ、野党共闘が成立したのです。

庶民や労働者、農家、中小業者などの意志が、まだ緩やかではありますが、①安保関連法の廃止、②立憲主義の回復、③個人の尊厳を擁護する政治の実現という意志として示されたのです。これは、戦後日本政治史において特筆すべき重要な転換といえます。

共闘の継続・発展

その後の都知事選での共闘・統一候補擁立、東京都議補選の台東区と大田区での共闘は、参院選での野党共闘の経験と成果がなければ、実現困難でした。都知事選では一九八三年以来三三年ぶりの野党統一候補でしたし、都議選では初めてのことでした。参院選での野党共闘の意義がいかに大きく深かったかがわかります。

一九八〇年代以降に生まれた方にとっては、生まれたときから「共産党を除く政党」が仕切る政治の中で、暮らし、働いてきたために、未来を暗く感じる場合も多かったと思います。しかし、今は、まさに日本の歴史上の大転換点にあります。憲法と社会保障を基礎にして、九条と二五条を土台にして、労働者、多くの普通の人びとの共同・協力に依拠して、一三条が示す幸福な社会、自分らしく生きることが可能な社会をつくるときです。

〈おわりに代えて〉地域で生き続けるための道すじ――憲法と社会保障を基盤に

地域の活性化には福祉・医療が第一

二〇一四年八月に、内閣府が「人口、経済社会等の日本の将来像に関する世論調査」を行い、いま居住している地域が活力を取り戻したり、さらに活性化するために、特に期待する政策はどのようなものか、を尋ねました。上位は以下の四つでした。①「多様な世代が共に暮らせるための福祉、医療の充実」四五・五パーセント、②「地域に雇用を生み出す新産業の創出」四二・六パーセント、③「安心して住み続けるための防犯、防災対策の充実」三七・七パーセント、④「商店街の活性化対策や、まちなかの居住環境の向上などの中心市街地の活性化」三七・二パーセント。

内閣府が二〇一五年一〇月一九日に公表した「国土形成計画の推進に関する世論調査」では、「老後に備えて移住の意向があるか」を聞いていますが、「移住したい」は六・八パーセントで、「どちらかといえば別の地域に移住したい」の一二・三パーセントと合わせても一九・一パーセントと、二割に満たないのが実情です。他方で「現在の地域に住み続けたい」は五七・〇パーセント、「どちらかといえば現在の地域に住み続けたい」の二二・二パーセントと合わせると、八割が現在の地域に住み続けたいと答えています。「現在の地域に住み続けたい」し、「移住しろといわれても、移れるものではない」とい

図1 「戦略5分野」の生産と雇用の増加予測

戦略5分野	2020年	2007年からの増減
生産額（市場規模）	約179.3兆円	+83.2兆円
インフラ関連／システム輸出（原子力、水、鉄道等）	約13.4兆円（海外分を含むと19.7兆円）	+12.3兆円（海外分を含むと+18.2兆円）
環境・エネルギー課題解決産業（スマートグリッド、次世代自動車等）	約30.6兆円	+23.7兆円
医療・介護・健康・子育てサービス	約30.5兆円	+12.9兆円
文化産業立国（ファッション、コンテンツ、食、観光等）	約56.6兆円	+6.9兆円
先端分野（ロボット、宇宙等）	約48.2兆円	+27.4兆円
上記による他部門への波及効果		+65.8兆円
	合計	+149.0兆円

	2007年	2020年（2007年からの増減）
インフラ関連／システム輸出	約9.8万人	約28.5万人（+18.7万人）
環境・エネルギー課題解決産業	約29.9万人	約66.1万人（+36.2万人）
医療・介護・健康・子育てサービス	約211.8万人	約325.2万人（+113.4万人）
文化産業立国	約299.7万人	約326.1万人（+26.4万人）
先端分野	約56.7万人	約119.9万人（+63.2万人）

戦略5分野による純増分＋約257.9万人

（出所）経済産業省『産業構造ビジョン2010』298ページより。

うのが民意です。介護施設が不足するのだから、施設がありそうな農村部などへ、住み慣れた地域から移住しろ、といわれても、「はい、そうですか。移住します」とはならないので、むしろ必要な施設をつくらせよう、つくろうというのが、民意なのです。

医療・福祉・介護・保育は真の成長産業＝雇用の切り札

財界代表者らによって構成された産業構造審議会の産業競争力部会は、二〇一〇年六月に「産業構造ビジョン二〇一〇」を発表しました。そこでは、日本経済の行き詰まりを打開するために、「今後日本は、何で稼ぎ、何で雇用していくのか」という問題提起がなされ、戦略的産業五分野における生産と雇用の増加予測が示されました（二〇〇七年から二〇二〇年への予測）。生産額では増加額のわずか一五・五パーセント（一二・九兆円÷八三・二兆円）しか占めない「医療・介護・健康・子育てサービス分野」が、雇用面では四三・九パーセント（一一三・四万人÷二五七・九万人）を占めました（図1）。

米田貢氏は図1をふまえて、以下のように主張しています。この部門は対人サービス部門であり、「生産額の増大への貢献はさほど見込めないものの、雇用の増大は期待できる」。また、財界や政府は、高い経済成長率が国民生活の向上にとって自明の前提であるかのように主張してきたが、「グローバル企業の成長が国民経済の成長と対立するようになった現在、国民生活の安定化を最優先にする国民経済づくりは、経済成長それ自体を自己目的にする必要はない」。「生産額がさほど増えなくとも、雇用の大きな伸びが期待できる産業分野」である「『医療・介護・健康・子育てサービス分野』の充実は、国民生活の安定化と向上に直結しうる」（「グローバル経済段階の経済運営はいかにあるべきか」『経済』二〇一二年八月号、三八ページ)。これは、今後の日本経済や産業のあり方を考えるうえで、重要な提起です。

介護や保育を含む社会保障サービス分野は、高齢化や少子化、なによりも人間の尊厳に値する生活を求める国民的要求を背景に、客観的に需要が増えています。このことは、医療・福祉分野の労働者が近年、急速に増加していることに端的に表されています。

二〇〇〇年から二〇一五年までの四回の国勢調査で、「医療、福祉」部門の従事者は、二〇〇〇年(四二七万四〇〇〇人、六・八パーセント)、二〇〇五年(五三三万二〇〇〇人、八・七パーセント)、二〇一〇年(六一二万八〇〇〇人、一〇・三パーセント)、二〇一五年(七一一万二〇〇〇人、一二・二パーセント)と二八三万八〇〇〇人増加しています。また、一五歳以上の就業者数全体に占める割合も、この間に六・八パーセントから一二・二パーセントへ、大きく増加しています。この間に実数、割合とも増加が最大なのが「医療・福祉」部門です。

なお、就業者が最大なのは「卸売業、小売業」、二番目は「製造業」です。「医療・福祉」は、日本の分野別就業者数で三番目に多いのです。しかも、「卸売業、小売業」と「製造業」は二〇〇〇年から二〇一五年の間に、それぞれ一一三九万四〇〇〇人(一八・一パーセント)から九五九万一〇〇〇人(一六・五パーセント)、一一九九万九〇〇〇人(一九・〇パーセント)から九一四万六〇〇〇人(一五・七パーセント)に減少しているのです。

この事実をみると、介護や保育を含む社会保障サービス分野が、いかに将来性豊かな、しかも国民の幸福な生活に直結する、拡充を切望されている分野であるかがわかります。

二五条に立脚した生存権保障産業へ

問題は、大きな産業分野に成長している「医療・福祉」の労働者が、劣悪な雇用条件に置かれていることです。安倍政権は、「医療・福祉」分野を成長戦略のターゲットとし、「産業化」の名の下に、営利性を一層強めようとしています。保育も介護も医療も、その切実な社会的需要は、可処分所得の少ない庶民からのものであり、個人消費が冷え込んでいる現状のままでは、経済的な有効需要にはなりません。保育士や介護士や医療関係者の確保に十分な賃金にするには、公的な財政支援が不可欠であり、アベノミクスではできないのです。

憲法二五条に依拠した、国の責任を土台とする公的社会保障として、保育・介護を含む社会保障分野を位置づけ、成長させ、子どもから高齢者まで、すべての人々が私らしく生きるための土台をつくることが、労働運動や社会保障運動の緊急の課題なのです。

参考　本書に関連する著者の近著

憲法・アベノミクス・医療――ここまできている「成長戦略」『月刊保団連』二〇一四年六月号

健康で安心な日本をめざして――安倍政権との対抗軸　『民医連医療』二〇一四年一二月号

アベノミクスが憲法・社会保障を破壊する――対抗軸は何か　『社会保障』二〇一四年冬号

地域医療の計画と役割――地域からいのちと暮らしをめぐる対抗の主戦場　『医療労働』二〇一五年三月号

社会保障改悪の現段階――営利性強化がきわだつ安倍政権　『月刊全労連』二〇一五年一一月号
「営利企業化」ではなく生存権保障を――政府・財界の社会保障政策を批判する　『前衛』二〇一五年一二月号
座談会＝高齢者の貧困と社会保障（出席者：河合克義明治学院大学教授、浜岡政好佛教大学名誉教授、日野秀逸東北大学名誉教授）『経済』二〇一六年七月号
TPPでどうなる　日本の医療　『労働総研クォータリー』二〇一六年夏号、本の泉社
対談　平和と暮らし守る地域からのたたかい　参院選一人区の結果をふまえて　中嶋信＋日野秀逸『議会と自治体』二〇一六年九月号
相模原殺傷事件を考える　優生思想と克服の方向　しんぶん赤旗二〇一六年八月二三日付
研究所プロジェクト報告：現代日本の労働と貧困――その現状・原因・対抗策：「第6章　福祉・介護労働の貧困と社会保障の現局面」『労働総研クォータリー』二〇一六／一七年秋冬合併号（本の泉社）
社会保障構造改革二〇年の展開過程とその結末――社会保障をめぐる階級意識とたたかい　『経済』二〇一七年一月
社会保障は権利：改悪ではなく拡充を　『女性と運動』二〇一七年二月

日野秀逸（ひの・しゅういつ）

1945年宮城県生まれ。東北大学名誉教授（公衆衛生、社会保障、協同組合論など）。地域医療・福祉研究所理事長、労働運動総合研究所常任理事、東日本大震災復旧・復興支援みやぎ県民センター代表委員。

『憲法がめざす幸せの条件』『「被災者目線」の復興論』『憲法を生かす社会保障へ』『地域から健康をつくる』（以上、新日本出版社）、『アウシュビッツの医師たち――ナチズムと医学』（訳、三省堂）、『マルクス・エンゲルス・レーニンと協同組合』（本の泉社）など著作多数。

「私《わたし》らしく生《い》きる自由《じゆう》」と憲法《けんぽう》・社会保障《しやかいほしよう》

2017年 2 月25日　初　版

著　者　日 野 秀 逸
発行者　田 所　 稔

郵便番号　151-0051　東京都渋谷区千駄ヶ谷 4-25-6
発行所　株式会社　新日本出版社
電話　03（3423）8402（営業）
03（3423）9323（編集）
info@shinnihon-net.co.jp
www.shinnihon-net.co.jp
振替番号　00130-0-13681
印刷・製本　光陽メディア

落丁・乱丁がありましたらおとりかえいたします。

ISBN978-4-406-06127-8 C0036　Printed in Japan